【昌平黌 倫理学入門】

森田 実
MORITA Minoru

中庸思想の源流

孔子とアリストテレス

論創社

序「発刊に寄せて」

昌平黌　理事長　緑川浩司

本学名誉学長であられた森田実先生による『中庸思想の源流』をこの度、上梓できることは、本学の生徒・学生・教職員のみならず、森田実先生にご教示を受けてきた多くの方々にとっても大きな喜びであろうと思います。

ご承知のように森田先生は、若き日には学生運動を通じて熱心に政治活動に注力し、その後、原水爆禁止啓蒙活動などを経て、マスコミの世界に転じ、長らく政治評論家としてテレビ・ラジオ・新聞・雑誌などで幅広く活躍されてきました。温厚で明快な語り口は、各所から講演の依頼が殺到し、精力的に活動されていたことは皆様ご存知の通りです。

その森田先生が、人生最後のお仕事として取り組まれたのが教育でした。森田先生は、本学の名誉学長として、入学式や学術シンポジウムなどの際に欠かさず基調講演をしてくださいました。それは日本国内にとどまらず、名誉教授を務めておられた山東大学や、韓国の成均館《せいきんかん》大学校などでも講演をしてくださいました。私も中国や韓国にご一緒したことを懐かしく思い出します。国内においても、創価大学をはじめとする多くの大学に招聘され、講義や記念講演をされておられました。

その意味において、森田先生の最後の事業は「教育」であったと私は思います。私たちの昌平黌《しょうへいこう》においては、東日本国際大学附属昌平中学・高等学校で生徒たちに『論語』の授業をしてくださったり、東日本国際大学・いわき短期大学での講義をしばしば行っていただき、生徒・学生・教職員に多くのことを教えてくださいました。

二〇二三年、昌平黌が創立一二〇周年を迎えるにあたり、森田先生は「これから定期的に中学・高校で授業をさせていただきたい。同時に、大学や短大でも講義をしたい」とのことで、その授業・講義に使用するテキストとして編まれたのが本書です。著述家として非常に数多い著書を刊行された森田先生ですが、ご自身の授業・講義のためのテキストはこれまで存在せず、本書が初めてのものとなります。

森田先生は、二〇二二年十二月、体調不良から入院を余儀なくされ、病床に就かれたのですが、ひとときも昌平黌のことを忘れず、「いわきで授業するための教科書を」との強い思いで本書の最終確認・修正を病床から細かく指示を出されていたと聞いております。最後の事業と定められた教育への森田先生の熱い想いをひしひしと感じました。

森田先生は、その強い精神力で病と闘い、医師から「もう、いつお別れの時が来てもおかしくありません。多分、年を越すことは難しいでしょう」とも宣告されたのですが、最後の力をふり絞って、病床にあっても、なお執筆の仕事を続けられました。森田先生の生命力の結晶が本書であろうと私は思います。


そして、年が明けた二〇二三年一月十五日、私は病床におられる森田先生にお目にかかる機会を偶然、得ることができました。お元気だった頃に比べると痩せてはおられましたが、意識ははっきりされており、発せられるお言葉も明快でした。森田先生は、繰り返し私におっしゃいました。「昌平黌は儒学教育日本一を目指してほしい」「儒学教育日本一を実現するために、私も早く病気を治して昌平黌で授業をしたい」と。

これが昌平黌の師・森田実先生との、最後の会話となり、翌月二月七日に森田先生はご逝去されました。

「儒学教育日本一」は、森田先生が私どもに遺してくださった大きな到達目標となり、日々、これを目標に邁進しようと決意しました。何度も「儒学教育日本一に」と私の手を力強く握りながら繰り返された森田先生のお言葉が、今も脳裏に蘇ります。

その森田先生の魂魄をこめた本書は、必ずや次代を築く若人にとって大きな力を与えてくれるものだろうと信じています。

そして、本学創立一二〇周年を迎えるにあたり、我が昌平黌の新時代における指針をご教示していただくよう二〇二二年夏に懇願申し上げました。森田先生は『論語』の中から、「己《おのれ》に克《か》ちて礼《れい》に復《ふく》するを、仁《じん》と為《な》す」の一節を選び、「克己復礼為仁」と揮毫してくださいました。この一節について森田先生は、「ここでの『礼』とは儀礼的な作法と捉えるのではなく、人と人との『和』、すなわち『和をもって尊し』の精神であると捉えたい。であればこそ、混迷する二一世紀の現代、世界平和をいかに実現していくかにも通じる精神が宿る言葉ではないかと考えている」と述べられておられました。そのうえで、「『克己復礼』の解釈は自由に展開して構わないし、時代に合った解釈が可能であり、またそうする必要があるだろう」ともおっしゃいました。

「己に克ちて礼に復するを、仁と為す」の意味するところは深いものがあろうと思います。これからさらに思索を重ねていきたいと思います。私が思うに、「和」の精神とは、端的に言って、他者の尊厳を断じて守るという、すぐれて倫理的な態度、生き方からしか生まれないものではないでしょうか。そこにおける、ものごとの考え方、人が生きる基盤としての倫理は、極めて重要な位置を占めるものであり、そこでは、まさしく本書のタイトルとなっている「中庸思想」の本質を追究することが肝要ではないかと思う次第です。

人々の心から倫理という概念が消失してしまったかの現代において、倫理の基礎としての「中庸思想」を、東洋思想と西洋思想の両面からアプローチしようとする本書の意義は、今後、より大きなものとなっていくものと信じています。

昌平黌では、この『中庸思想の源流』をしっかりと学び続けることを通じて、森田実先生の崇高な信念「儒学教育日本一」を実現していこうと決意しています。

そして、昌平黌の生徒・学生のみなさんだけではなく、より広く多くの方々に本書をお読みいただくことで、森田先生が熱望していた世界平和の実現に一歩近づくのではないかと思います。

森田実先生の墓前に本書を捧げます。

合　掌

まえがき

「過《す》ぎたるは猶《な》お及《およ》ばざるが如《ごと》し」――この言葉を知ったのは、八十年以上前の小学校低学年の頃だった。数年後に、これが孔子の『論語』の一節だと知るまでは、もともと日本の言葉だと思っていた。それほど、この言葉は日本人の心の中に定着していた。父も母も兄も姉も、時々、「過ぎたるは猶お及ばざるが如し」を口にしていた。私は、この言葉を何回もつぶやきながら少年期を送った。

孔子は「中庸《ちゅうよう》の徳《とく》たるや、それ至《いた》れるかな」（中庸の徳は最上の徳である）とも語った。孔子のこの二つの言葉によって「儒学」の根本が「中庸思想」にあることが示された。

孔子と同時代のギリシア哲学者はターレスである。ターレスは「哲学の祖」と称されてきた。少し遅れてソクラテスが登場した。ソクラテス、プラトン、アリストテレスによって古代ギリシア哲学の体系化が行われた。とくに最後のアリストテレスの役割は大きかった。

アリストテレスは、哲学、倫理学、自然科学、人文科学、社会科学などの多方面で、偉大な学問的業績をあげたが、現在まで残っているのは三分の一程度だと言われている。現在、われわれが知り得る学問的業績のなかで最大の作品が『ニコマコス倫理学』である。

ニコマコスは、アリストテレスの父親の名であるとともに息子の名でもある。アリストテレスは父親への尊敬が強く、父親の名を息子に付けたのだった。『ニコマコス倫理学』は、アリストテレスの言葉を、息子のニコマコスが整理したものである。

アリストテレスは、この代表作において、中庸思想を説いた。

私が、孔子の『論語』を本格的に研究したのは二十代の後半期だったが、同時期に古代ギリシア哲学を研究した。この時、アリストテレスの思想と孔子の思想とが非常に類似していることを知った。二人とも「中庸」の大切さを説いた。

孔子と同時期にインドに登場した「仏教の祖」の釈尊は「中道」を説いた。今から約二千五百年前に、三人の哲人・宗教指導者が、「中庸・中道」を説いたのである。これにより「中庸・中道」は人類文明の中心軸となった。

しかし、この世の中には、「中庸・中道」とは正反対の思考がある。「極端を好む風潮」である。

私は、この七十年間ほど、報道関係者と付き合ってきたが、多くは「極端を好む者」たちだった。とくに、マスコミに生きる者は「極端」が好きである。ことに最近は、テレビの視聴率競争が激しいため、「極端」を好む風潮が強まっている。そして、多くの過ちが生まれている。

報道にあたる者は「中庸思想」の大切さを認識して仕事をしなければならない、と私は主張してきたが、残念なことに主流派になることはできなかった。しかし、たとえ少数派でも「中庸思想」の持ち主が報道機関にいることは、報道の行き過ぎを抑えるためにも、必要なことであると思う。

「中庸思想」の源流は、孔子の『論語』とアリストテレスの『ニコマコス倫理学』である。この二つの著書を学ぶことによって、中庸思想の大切さを再認識する必要があると私は考えて、本書を著した。二論文とも、もとは今から六十年以上前に執筆に着手し、その後、検討を加えて著したものであるが、今回、大幅に加筆・修正を施し刊行に踏み切った。

本書を刊行するきっかけとなったのは、私が名誉学長を拝命している「東日本国際大学」ならびに「いわき短期大学」、そして「東日本国際大学附属昌平中学・高等学校」において、講義や授業を担当させていただいたことだ。ことに、東日本国際大学附属昌平中学・高等学校においては、熱心な生徒たちの受講姿勢に感銘し、同校校長にお願いして、これから定期的に授業・講演を担当させていただくことになった。純粋で向学心旺盛な生徒たちに応えるため、授業に使用するテキストを書き下ろすことを決意して本書の刊行となった。同時に、東日本国際大学、そしていわき短期大学の学生をも対象にして講義をさせていただく際にも、本書を基本テキストとして使用したいと考えている。

一応の目安として、「第Ⅰ部　孔子と『論語』」は中学生の道徳において使用し、「第Ⅱ部　アリストテレスと『ニコマコス倫理学』」は高校生の倫理に、さらに大学生・短期大学生には基礎倫理学のテキストとして「Ⅰ　孔子と『論語』」と「Ⅱ　アリストテレスと『ニコマコス倫理学』」の両者を用いたいと考えている。中学校・高等学校・短期大学・大学での授業に用いることを念頭において本書を編んだ。

東日本国際大学、いわき短期大学、東日本国際大学附属昌平中学・高等学校は、「儒学教育日本一」を目指して、世界中どこにもない独自の優れた儒学教育を日常的に実践している教育機関である。儒学教育の一端を担う教材として本書が活用していただけるなら、著者として望外の喜びである。

二十一世紀の今、人類は大転換期に直面している。新たな二十一世紀型ルネッサンスが始まったとの見方もあるほど、現在の歴史的大転換期にあるといえるかもしれない。この時期に、今日まで人類社会を思想面で支えてきた「中庸思想」を再確認する必要があると思う。そして、それが、次代を担う若者たちに学んでもらえることの意義は極めて大きい。また、あわせて生徒・学生諸君だけではなく、広く多くの皆さまにも手に取っていただけるとするなら、昌平黌の儒学精神の浸透が、この日本を、そして世界をより良い方向に導いていく縁にもなるのではないかと密かな期待もしている。

中庸思想は、平和の思想でもある。本書が、世界平和と人類社会の健全な発展のために少しでも役立つことを願う。

二〇二二年十二月吉日

森田　実

【昌平黌 倫理学入門】

中庸思想の源流——孔子とアリストテレス　目次

第Ⅰ部　孔子と『論語』

第一章　孔子略伝

史記世家《しきせいか》に曰《いわ》く、孔子名《な》は丘《きゅう》、字《あざな》は仲尼《ちゅうじ》、其先《そのさき》は宋《そう》の人《ひと》、父《ちち》は叔梁紇《しゅくりょうこつ》、母《はは》は顔氏《がんし》、魯《ろ》の襄公《じょうこう》の二十二年《ねん》（紀元前五五一年）庚戌《こうじゅつ》十一月庚子《こうし》、孔子を魯《ろ》の昌平郷陬邑《しょうへいきょうすうゆう》に生《う》む。（朱熹『論語集註』「論語序説」）

史記世家とは、『史記』の作者で漢代の歴史家司馬遷《しばせん》（前一四五頃～前八六頃）のことである。『史記』の中の「孔子世家《こうしせいか》」が孔子（前五五一～前四七九）の伝記のうちで最も普及し、尊重されている。『論語』など断片的な記録を寄せ集めて孔子の人間像を描き出したもので、孔子を論ずるにあたっての最大の手がかりである。

父の叔梁紇は著名な武人であった。母は顔氏の出で、名を徴在《ちょうざい》といった。陬邑というのは陬という名の村（邑《むら》）のことである。ここがどこか不明だという説もあるが、宇野精一氏によると、現在の山東省《さんとうしょう》曲阜県《きょくふけん》の南東にあたる（平凡社版『世界大百科事典』第八巻、一六七頁）。

祖先は宋《そう》の人でなかなかの名家であったという説があるが、祖父、父の代にはすっかり落ちぶれていたらしい。父は勇敢な武人であったが、当時は貴族中心の社会であり、武人は貴族に仕《つか》える立場にあった。今から約二千五百年前のことであり、貴族を中心とした都市国家が誕生しつつある時代であった。武人といってもたいして裕福ではなかった。

おまけに、母徴在と父との関係は正規のものではなかったらしい（司馬遷『史記』「孔子世家」による）。その上幼くして父母に死別したため、孔子の幼少時代はじつに貧しい生活であった。このような逆境の中で、孔子は父のあとを継いで武人になるという道をとらず、学問と政治の道を進んだ。

児《こ》たりしとき嬉戯《あそびごと》するに、常《つね》に俎豆《そとう》を陳《つら》ね、礼容《れいよう》を設《もう》く。（同前「論語序説」）

俎豆とは祭具《さいぐ》のことである。孔子は幼い頃の遊びにすら祭具をならべて神に供物《くもつ》をささげたのであった。つまり、あまり武人には向いていなかったのであろう。このことが、孔子を学問とまつりごと（政治）の方向へ向かわせる一因であったと考えられる。

われ十有《ゆう》五にして学《がく》に志《こころざ》す。（『論語』為政篇）

当時中国には村落共同体の集合である郷党《きょうとう》といわれる地方団体ごとに、序《じょ》と呼ばれる学校があった。ここで、共同体の長老によって青少年の教育が行われていた。孔子は十五歳にして学校に入学し、郷党の成員として必要な教育をうけたのであろう。

長《ちょう》ずるに及《およ》びて委吏《いり》となり、料量平《りょうりょうたいら》かなり。司職吏《ししょくり》となり、畜蕃息《けものはんそく》す。（同前「論語序説」）

委吏とは貯蔵配給係、司職吏とは牧畜係のことである。

周《しゅう》に適《ゆ》き、礼《れい》を老子《ろうし》に問《と》う。既《すで》に反《かえ》りて弟子《ていし》ますます進《すす》む。（同前「論語序説」）

昭公《しょうこう》の二十五年甲申《ねんこうしん》、孔子年《とし》三十五。昭公斉《しょうこうせい》に奔《わた》り、魯乱《ろみだ》る。ここに於《おい》て斉《せい》に適《ゆ》き、高昭子《こうしょうし》の家臣《かしん》となり、以《もっ》て景公《けいこう》に通《つう》ず。（同前「論語序説」）

これらの過程を経て孔子の仁の思想や、理想国家への政治理念がかたまり、また政治家としての非凡な能力が培われていった。そして、孔子はついに魯の大司寇《だいしこう》の地位についたのであった。大司寇が大臣級の要職であることは明らかであるが、現在のどの地位にあたるか。三権分立以前のことではあるが、法務大臣・司法の長官といったところだろう。

孔子は外交官としても大活躍をし、斉との和平会談を成功させ、孔子の政治家としての名声は魯国の内外に広まった。

さらに、孔子は、貴族の横暴な政治を批判し、これを打倒するため、新興勢力として急速に成長してきた武士階級や官僚、知識階級を結集し、当時魯国の政治を司《つかさど》っていた三桓氏《さんかんし》の寡頭《かとう》政治に闘いを挑んだ。いま一歩のところで孔子の計画は失敗し、失意のうちに祖国を捨て流浪《るろう》の旅に旅立ったのであった。時に孔子五十六歳。

魯において築こうとした理想国家を他の地に築こうとの願望を秘めた旅であったが成功せず、十三年間の流浪ののち、六十八歳で再び祖国に帰り、以後七十三歳で没するまで、子弟の教育に専念した。十三年間の流浪の旅の間に、孔子は三度も生命の危険にさらされたが、これは、孔子の政治理念が貴族階級にとって危険なものと考えられていたことに一つの原因があるとみられる（この部分、貝塚茂樹著『孔子』岩波新書を参考にした）。

「論語序説《ろんごじょせつ》」は、孔子流浪の様子を次のように書いている。

衛《えい》に適《ゆ》き、子路《しろ》の妻《つま》の兄顔濁鄒《あにがんだくすう》の家《いえ》に主《やど》る。陳《ちん》に適《ゆ》き匡《きょう》を過《す》ぐ。匡人以《きょうじんもっ》て陽虎《ようこ》となして之《これ》を拘《とら》う。既《すで》に解《と》け、衛《えい》に還《かえ》る。遽伯玉《きょはくぎょく》の家《いえ》に主《やど》る。南子《なんし》に見《まみ》ゆ。去《さ》りて宋《そう》に適《ゆ》く。司馬桓魋《しばかんたい》これを殺《ころ》さんと欲《ほっ》す。又去《またさ》りて陳《ちん》に適《ゆ》き司城貞子《しせいていし》の家《いえ》に主《やど》る。居《お》ること三歳《さんさい》にして衛《えい》に反《かえ》る。霊公用《れいこうもち》うること能《あた》わず。晋《しん》の趙子《ちょうし》の家臣仏肸中牟《かしんひつきつちゅうぼう》を以《もっ》て畔《そむ》き、孔子を召《まね》く。孔子往《ゆ》かんと欲《ほっ》して亦《ま》た果《はた》さず。まさに西《せい》して趙簡子《ちょうかんし》に見《あわ》んとす。河《かわ》に至《いた》りて反《かえ》る。又遽伯玉《またきょはくぎょく》の家《いえ》に主《やど》る。霊公陳《れいこうつら》ねるを問《と》う。対《こた》えずして行《さ》り、復《また》た陳《ちん》にゆく。

季桓子卒《きかんししゅっ》す。遺言《ゆいごん》して康子《こうし》に謂《い》い、必《かなら》ず孔子を召《まね》かしむ。其臣之《そのしんこれ》を止《とど》む。康子《こうし》すなわち冉求《ぜんきゅう》を召《まね》く。孔子蔡及《さいおよ》び葉《しょう》にゆく。

楚《そ》の昭王《しょうおう》まさに書社《しょしゃ》の地《ち》を以《もっ》て孔子を封《ほう》ぜんとす。令尹子西可《れいいんしせいき》かず。すなわち止《や》む。又衛《またえい》に反《かえ》る。時《とき》に霊公《れいこう》すでに卒《しゅっ》す。衛君輒《えいくんちょう》孔子を得《え》て政《せい》を為《な》さんと欲《ほっ》す。而《しこう》して冉求季氏《ぜんきゅうきし》の将《しょう》となり、斉《せい》と戦《たたか》いて功有《こうあ》り。康子《こうし》すなわち孔子を召《まね》く。而《しこう》して孔子魯《ろ》に帰《かえ》る。実《じつ》に哀公《あいこう》の十一年丁巳《ねんていし》にして、孔子年《とし》六十八なり。（同前「論語序説」）。


つづいて、次のように書いている。弟子三千人というのは真実だとしたら、現在の尺度で考えても大変な数である。孔子の影響力の偉大さを物語っている。なお『春秋』

（魯の歴史書）を孔子が本当に作ったかどうか、現在では疑問視されている。

然《しか》れども魯《ろ》ついに孔子を用《もち》うること能《あた》はず。孔子も亦《ま》た仕《つか》えんことを求《もと》めず。すなわち書伝礼記《しょでんらいき》を叙《つ》いで、詩《し》を刪《けず》り楽《がく》を正《ただ》し、易《えき》の彖《たん》、繫《けい》、象《しょう》、説卦《せっか》、文言《ぶんげん》を序《つい》ず。弟子《ていし》けだし三千《さんぜん》、身六芸《みりくげい》に通《つう》ずるもの七十二人《にん》なり。十四年庚申《ねんこうしん》、魯西狩《ろせいしゅう》して麒麟《きりん》を得《え》たり。孔子春秋《しゅんじゅう》を作《つく》る。明年辛酉《あくるとししんゆう》、子路衛《しろえい》に死《し》す。十六年壬戌《ねんじんじゅつ》、四月己丑《がつきちゅう》、孔子卒《しゅっ》す。年《とし》七十三。魯《ろ》の北《きた》の城《しろ》の泗上《しじょう》に葬《ほうむ》る。弟子《ていし》皆心喪《みなしんそう》に服《ふく》すること三年《ねん》にして去《さ》る。（同前「論語序説」）

ソクラテス、マホメット、釈迦《しゃか》とともに、世界四大聖人に数えられる孔子の生涯を略述すると以上のようである。孔子伝の原典は司馬遷の『史記』「孔子世家」その他であるが、『史記』が書かれた時代は孔子の時代から四百年も過ぎている。資料といっても紀元前一世紀のことである。どこまで信憑性《しんぴょうせい》があるか、疑えばきりのないところである。

しかし、孔子の思想としての「仁《じん》」の思想、あるいは宗教としての儒教は、日本人や中国人の倫理観の中に今も脈々と生き続けている。『論語』に書かれた人間愛の思想は、中国文化圏で唯一人の世界的聖人の思想として、他の思想や宗教に打《う》ち克《か》って生き続けてきたのである。

孔子は自らの一生を次のように語った。

われ十有《ゆう》五にして学《がく》に志《こころざ》す。三十にして立《た》つ。四十《しじゅう》にして惑《まど》わず。五十にして天命《てんめい》を知《し》る。六十にして耳順《みみしたが》う。七十にして心《こころ》の欲《ほっ》する所《ところ》に従《したが》えども矩《のり》を踰《こ》えず。（『論語』為政篇）

十五歳で学問を志し、三十歳で自分の足でしっかりと立ち、独立独歩で学問の道を進む自信をもった。四十歳にしてどんな問題が起きても心に迷いが生じなくなり、五十歳で自分の使命が学問であることを知り安心立命の境に到達。六十歳で他人の言葉がすなおに耳に入るようになった。七十歳でしたい放題しても脱線することもなくなった、というのである。

孔子が自ら語った内面的な人生の総括の言葉は、二千五百年という歴史を超えて、いかなる饒舌《ぎょうぜつ》にも増して、現代人の胸を打つであろう。孔子の生き方を真似たいと思っている人も多いことであろう。

第二章　論語概観

儒教の教典として知られる『論語』は孔子自身が自分の思想を体系的に叙述したものではなく、弟子が記憶していた孔子および孔子の門弟《もんてい》の言葉を寄せ集めて編纂《へんさん》したものである。

日本では江戸時代に朱子学《しゅしがく》が官学と定められたため、いわば国定教科書として『論語』は学問をめざす子弟《してい》の必読書であった。

『論語』は明治初期まで知識層の思想に決定的な影響を与えてきた。今日でも日本人の倫理観の根本の一つに『論語』があると言っても過言ではあるまい。

子《し》のたまわく、巧言令色《こうげんれいしょく》、鮮《すくな》し仁《じん》。（『論語』学而篇）

この言葉のように、今日でも日常会話として使われる言葉も多いのである。孔子が仁といい、孔子の後継者である孟子が仁義といった「仁」の思想は、日本人や中国人の倫理観として、もっと尊重されるべきであろう。

内容は次の二十篇から成る。

学而《がくじ》、為政《いせい》、八佾《はちいつ》、里仁《りじん》、公冶長《こうやちょう》、雍也《ようや》、述而《じゅつじ》、泰伯《たいはく》、子罕《しかん》、郷党《きょうとう》（以上、上論《じょうろん》）、
先進《せんしん》、顔淵《がんえん》、子路《しろ》、憲問《けんもん》、衛霊公《えいれいこう》、季氏《きし》、陽貨《ようか》、微子《びし》、子張《しちょう》、堯曰《ぎょうえつ》（以上、下論《かろん》）。

『論語』の編者が誰であるか、いろいろな説があり、はっきりしたことはわからない。また何時の作品であるかも定かでない。武内義雄（『論語之研究』）などにより『論語』の成立についての研究がなされている。

これらによると、『論語』の成立は一時にではなく、現存の形になるまでに幾度か編集がなされた、ということである。おそらくそうみるのがいちばん論理的であろう。

ところで『論語』とはどういう性格の書物か。宗教書か哲学書か。このいずれともち

がうであろう。一例をあげよう。

子《し》のたまわく、辞《じ》は達《たっ》して已《や》む。（『論語』衛霊公篇）

「孔子がいうには、言語文章は意味が通ることが肝心である」という意味である。古今東西を通じて意味の通じない文章を書いたり言葉を話したりするものがじつに多いが、これに対する孔子のいましめである。

この例に見られるとおり、人間の日常生活において必要不可欠な道徳を可能な限り簡明に記したものである。

昔から「論語読みの論語知らず」とよく言われてきたが、これは書物を理解するだけで、これを実行できないものを非難する言葉である。『論語』の意義はこれと反対である。孔子の「仁」の精神を実行して初めて『論語』の効果は生きてくるのである。

では「仁」とは何か。巷《ちまた》でよく言われる「仁義」「仁俠《にんきょう》」とは少し違うようである。貝塚茂樹教授は孔子のいう「仁」について次のように述べている。

ある学説なり、ある思想なり、またある主義なりが、一つの社会を支配し、一つの国に行きわたり、さらに時代をはなれ、国境をこえて世界に普及する原動力はどこにあるであろうか。それはこの学説・主義そのものではなくて、この学説や主義を創設し支持する人の人間に存するると、孔子は主張するのである。……孔子はこの人間性の完全に実現された状態をば仁《じん》という言葉で表現し、仁をば人間修養の究極の目的と措定《そてい》したのである。孔子にとっては、人生の唯一最高の目標であるところの仁の実現は人生の一大事であり、仁の本質は何であるかという解答は、同時にかれの学問の秘義をなすものであった（岩波新書『孔子』五～六頁）。

主義や思想と人間性との一致というテーマは古くて新しい問題である。つまり洋の東西を問わず人類の知性が一貫して追求しつづけてきた問題である。孔子もこの問題に挑戦したのである。

人間性の完全な実現つまり仁は、日常の行動によって各人各様に行われるべきものであるというのが孔子の理念であり、『論語』がもっぱら日常の人間行動のあり方に言及しているのは、このためであろう。ここに孔子の思想の実践的性格がある。最近の中国人の生き方の中に孔子の影響を見出すのは、孔子に対する過大評価であろうか。

第三章　『論語』の要約

（一）学而篇《がくじへん》

子《し》のたまわく、学《まな》んで而《しこう》して時《とき》にこれを習《なら》う、亦《ま》た説《よろこ》ばしからずや。朋《とも》有《あ》り遠方《えんぽう》より来《き》たる、亦《ま》た楽《たの》しからずや。人知《ひとし》らずして慍《いきどお》らず、亦《ま》た君子《くんし》ならずや。

『論語』冒頭のこの言葉は多少とも漢文の教育をうけた者なら、誰でも知っているであろう。「朋有り遠方より来たる、亦た楽しからずや」という言葉は、日常的にもよく耳にするほどである。「子のたまわく」は「孔子様がいいました」という意味であることは説明するまでもなかろう。子とは、普通は先生というような意味に使われるが、『論語』では「子」とだけ書いてあれば孔子のことをさしている。

この意味は、「先生についたり書物を読んだりして学問したら、さらにこれを繰り返し習練し実行してみると学問が身についてくる。ほんとうにうれしいことだ。また勉学を志す友人たちが遠くから集まってきて一緒に勉強しようということになると、じつに楽しい。そして自分の学問が進んだことを世間が知ってくれなくても不平をもたず、自分の人間をみがくために学問に一心不乱に取り組む人こそ君子なのだ」というものである。

「人知らずして慍《いきどお》らず」の言葉に孔子の面目がにじみ出ている。

この篇にはつづいて十五の言葉がある。以下では、とくに知られているものを抜粋《ばっすい》することにする。

なお、これから孔子の訓辞を引用する場合、冒頭の「子のたまわく」は省略する。

巧言令色《こうげんれいしょく》、鮮《すくな》し仁《じん》。

「言《ことば》を巧《たくみ》にし色《いろ》を令《よく》するは鮮《すくな》きかな仁《じん》」と読む場合もある。「口が上手で人前でかざる人には、誠実さがすくないものだ」という意味である。

千乗《せんじょう》の国《くに》を道《おさ》むるには、事《こと》を敬《けい》して信《しん》、用《よう》を節《せっ》して人《ひと》を愛《あい》し、民《たみ》を使《つか》うに時《とき》を以《もっ》てす。

大国を治めるには、事に慎重にあたり人民に信頼されるようにし、無駄使いせず人民を愛し、徴用など人民を使うときは、たとえば、農民を使用する場合は農閑期を選ぶように、人民がとくに困らない時期を選んでするようにすべきである。千乗とは戦車一千台のことで、千乗の国とは大国を意味する。

弟子《ていし》、入《い》りてはすなわち孝《こう》、出《い》でてはすなわち弟《てい》、謹《つつし》みて信《しん》、汎《ひろ》く衆《しゅう》を愛《あい》して仁《じん》に親《した》しみ、行《おこな》いて余力《よりょく》有《あ》らばすなわち以《もっ》て文《ぶん》を学《まな》べ。

青年たちよ、家庭では父母に孝、世間に出たら年長者をたて、謙虚に誠実に振舞い、大衆をわけへだてなく愛し、仁の道に親しみ実行して、まだ余力があれば文芸を学ぶべきである。

君子《くんし》、重《おも》からざればすなわち威《い》あらず、学《まな》べばすなわち固《こ》ならず。忠信《ちゅうしん》を主《しゅ》とし、己《おのれ》に如《し》かざる者《もの》を友《とも》とするなかれ。過《あやま》ってはすなわち改《あらた》むるに憚《はばか》ることなかれ。

人の上に立つものはどっしりとしていなければ威厳《いげん》がなく、学問がないと独善《どくぜん》におちいりやすい。人との交際は忠実と信義を重んじ、自分より劣った者だけを友にしたがってはいけない。過ちがあれば体面《たいめん》などにこだわらず、すぐに改めるべきである。

君子《くんし》は、食飽《しょくあ》くを求《もと》むること無《な》く、居安《きょやす》きを求《もと》むること無《な》く、事《こと》に敏《さと》くして言《げん》に慎《つつし》み、有道《ゆうどう》に就《つ》いて正《ただ》す、学《がく》を好《この》むと謂《い》うべきのみ。

人の上に立つものは、腹いっぱいの安楽な生活を求めるべきではない。善行にはすばやく、無責任な言動を慎み、徳人に付いて自分を正すものこそ、学問好きというべきである。

以上のように「学而篇」では学問する者の心掛けねばならない点が書かれている。学問をするにはまず自らの身を修めるべきだということである。

（二）　為政《いせい》篇

この篇ではとくに政治をするに当たっての心構え、とくに孝行《こうぎょう》についての教訓が中心である。

政《まつりごと》を為《な》すに徳《とく》を以《もっ》てすれば、譬《たと》えば北辰《ほくしん》の其《そ》の所《ところ》に居《お》いて、衆星《しゅうせい》のこれに共《むか》うが如《ごと》し。

仁徳をもって政治を行えば、たとえば北極星が動かず他のすべての星がこれを中心にして回転するように、うまくいくであろう。

これを道《みちび》くに政《まつりごと》を以《もっ》てし、これを斉《ととの》うるに刑《けい》を以《もっ》てすれば、民《たみ》免《まぬが》れて恥《はじ》無《な》し。これを道《みちび》くに徳《とく》を以《もっ》てし、これを斉《ととの》うるに礼《れい》を以《もっ》てすれば、恥《はじ》有《あ》りて且《また》格《いた》る。

人民を導くのに上から法や制度でしばったり刑罰で統制しようとすると、人民は刑罰さえ免れればよいと考えるようになり、それを恥と思わなくなる。仁と徳で人民を導き、礼節をもって社会が規則正しくなるようにすれば、人民は恥を知り、正しくなるものである。

なお、さきに引用した「われ十有五にして学に志す。三十にして立つ。……」の名文句はこの篇に収められている。昔から十五歳を「志学《しがく》」、三十歳を「而立《じりつ》」、四十歳を「不惑《ふわく》」、五十歳を「知命《ちめい》」、六十歳を「耳順《じじゅん》」といわれてきたのは、ここに由来する。

其《そ》の以《な》す所《ところ》を視《み》、其《そ》の由《よ》る所《ところ》を観《み》、其《そ》の安《やす》んずる所《ところ》を察《さっ》すれば、人《ひと》いずくんぞ廋《かく》さんや、人《ひと》いずくんぞ廋《かく》さんや。

人の善悪を判定するには、行為を見、その動機を観察する。さらにその人が自分の行為に安んじているか（つまり安心立命の心境にあるか）どうかを観察すれば、その人物がわかる。決してかくせるものではない。

故《ふる》きを温《たず》ねて新《あたら》しきを知《し》れば、以《もっ》て師《し》たるべし。

過去からはじめて現在、未来にまで知識を広めることができてはじめて、教師、学者たる資格がある。

君子《くんし》は器《き》ならず。

人の上に立つものは機械、道具であってはならない。人間でなければならない。

君子《くんし》は周《しゅう》して比《ひ》せず、小人《しょうじん》は比《ひ》して周《しゅう》せず。

君子は公平無私で分《わ》け隔《へだ》てしないが、小人は人を分け隔てするものだ。

学《まな》びて思《おも》わざればすなわち罔《くら》し、思《おも》いて学《まな》ばざればすなわち殆《あやう》し。

学ぶだけで考えないと道理が明かにならない。考えるだけで学ばないときの行動は危険である。

其《そ》の鬼《き》にあらずしてこれを祭《まつ》るは諂《へつら》うなり、義《ぎ》を見《み》てせざるは勇無《ゆうな》きなり。

当然、祭るべきもの以外を祭るのはへつらいであり、眼前の正しい為すべきことをしないのは勇気がないということである。この後半の言葉は日本ではよく使われた言葉である。

(三) 八佾《はちいつ》篇

「佾《いつ》」とは舞《まい》の名《な》である。舞わせる人の資格により舞列と人数が異なる。天子は八佾、諸公は六佾、大夫《たいふ》は四佾、士は二佾ということになっている。この篇では礼楽《れいがく》に関する訓辞が多く集められている。

人《ひと》にして不仁《ふじん》ならば、礼《れい》を如何《いかん》。人《ひと》にして不仁《ふじん》ならば、楽《がく》を如何《いかん》。

不仁の人が礼を行って何になるか。不仁の人が楽を奏《そう》して何になるか。

礼《れい》はその奢《おご》らんよりは寧《むし》ろ倹《けん》なれ。喪《そう》はその易《おさ》めんよりは寧《むし》ろ戚《いた》め。

冠婚は倹約すぎるぐらいがよい。葬祭は行き届くより哀悼の気持が大切である。

（四）　里仁《りじん》篇

「里仁《りじん》」とは仁《じん》の里《さと》の意味である。ここでは仁徳《じんとく》の修養についての訓辞が中心である。

里《さと》は仁《じん》を美《び》と為《な》す。択《えら》びて仁《じん》に処《お》らずんば、いずくんぞ知《ち》を得《え》ん。

住むところは仁徳の厚い地方がよい。仁の里を選べないようでは、どうして知を得ることができようか。

不仁者《ふじんしゃ》は以《もっ》て久《ひさ》しく約《やく》に処《お》るべからず、以《もっ》て長《なが》く楽《たの》しきに処《お》るべからず。仁者《じんしゃ》は仁《じん》に安《やす》んじ、知者《ちしゃ》は仁《じん》を利《り》す。

不仁者は長い間逆境《ぎゃっきょう》に耐えることはできない。また長い間順境《じゅんきょう》にあることもできない。仁者は仁が身についており知者は仁の利を知っているので、逆境に負けず、順境に流されない。

朝《あした》に道《みち》を聞《き》いて、夕《ゆうべ》に死《し》すとも可《か》なり。

日常的によく耳にする言葉である。「朝聞夕死《ちょうぶんせきし》」と略されて、日本で古くから使われてきた。朝、人の道を学ぶことができたら、夕方には死んでもよい、という意味である。

士《し》、道《みち》に志《こころざ》して、悪衣《あくい》悪食《あくじき》を恥《は》ずる者《もの》は、未《いま》だ与《とも》に議《はか》るに足《た》らざるなり。

仁の道に志すものなら、衣服や食事が粗末なことを恥じるようでは、一緒に道を論ずることはできない。

利《り》によりて行《おこな》えば、怨《うら》み多《おお》し。

自分の利益だけを考えて行動すれば、人に怨《うら》まれることが多い。

位《くらい》無《な》きを患《うれ》えず、立《た》つ所以《ゆえん》を患《うれ》う。己《おのれ》を知《し》ることなきを患《うれ》えず、知《し》らるべきを為《な》すを求《もと》む。

地位なきを心配するな。役立たない原因を気にすべきである。人が自分のことを知らないということを心配するより、知られるだけのことを為すようにすべきである。

約《やく》を以《もっ》てこれを失《うしな》う者《もの》は、鮮《すくな》し。

引き締めていれば失敗が少ない。

君子《くんし》は言《げん》に訥《とつ》にして、行《こう》に敏《びん》ならんことを欲《ほっ》す。

君子たるもの、言葉は少なく、行動は敏速でなければならない。

（五）公冶長《こうやちょう》篇

公冶長とは門人《もんじん》の名《な》である。彼は鳥の言葉がわかった。死人についての鳥の話を伝えたため殺人犯と疑われ投獄されたが、獄中で雀の話を聞いて疑いが晴れたという伝説の人物である。

公冶長についての孔子の人物評が冒頭にきたため「公冶長篇」という名前が付いたのであろう。この篇は、孔子が門人やいろいろな人物を批評したものである。

（六）雍也篇《ようやへん》

この篇も人物評である。雍《よう》という人物のことが最初に出てきたため、雍也篇とされたのであろう。後半には「仁」に関する言葉が出てくる。この篇で有名な句を次にあげる。

これを知《し》る者《もの》はこれを好《この》む者《もの》に如《し》かず。これを好《この》む者《もの》はこれを楽《たの》しむ者《もの》に如《し》かず。

知るものより好むものの方が上であり、好むものより楽しむものの方が上である。

（七）述而篇《じゅつじへん》

孔子が自分自身について語ったもの、孔子の態度や行動に関するものが主である。

黙《もく》してこれを識《しる》し、学《まな》んで厭《いと》わず、人《ひと》を誨《おし》えて倦《う》まず。何《なに》かわれに有《あ》らんや。

黙って心にきざみ、学ぶことをいとわず、人に教えるのをめんどうがらない、というだけで、私には何のとりえもない。

子《し》の燕居《えんきょ》、申申如《しんしんじょ》たり、夭夭如《ようようじょ》たり。

孔子の生活態度と容貌を述べたもの。「孔子が家にいるときの様子は、ゆったりとにこやかだ」。

子《し》の慎《つつし》む所《ところ》は、斉《さい》、戦《せん》、疾《しつ》。

斉は心をととのえること、戦は戦争、疾は病気のことである。これを慎重に取り扱った。

われ生《う》まれながらにしてこれを知《し》る者《もの》にあらず。古《いにし》えを好《この》み、敏《びん》にして以《もっ》てこれを求《もと》める者《もの》なり。

自分は生まれながらの聖人ではない。古いものを愛し、一生懸命に古い聖者の道を求めているだけである。

君子《くんし》は坦《たい》らかにして蕩蕩《とうとう》、小人《しょうじん》は長《とこしな》えにして戚戚《せきせき》。

君子は平静でのびのびしており、小人はいつもこせこせしている。

（八）　泰伯篇《たいはく》

孔子と曽子《そうし》の道徳論が主である。有名な句として次のものがある。

民《たみ》はこれに由《よ》らしむべし、これを知《し》らしむべからず。

人民には、よるべき立脚点を与えるべきで、知らせてはいけない。

後半の部分を「ただ知らせるだけではよくない」という解釈もある。この言葉は戦後民主主義の普及過程で、旧来の専制政治思想のあらわれだとして厳しい批判をうけた。民主主義の現在では通用しないであろう。

学《がく》は及《およ》ばざるが如《ごと》くするも、猶《な》おこれを失《うしな》わんことを恐《おそ》る。

学問とは手の届かないものを摑《つか》もうとするようなものであるが、なお失うことを恐れる、というものである。

（九）子罕篇《しかん》

主として弟子が孔子の徳行《とくぎょう》について語った言葉が集められている。「子罕」という篇の名は、この篇の冒頭の次の言葉に由来する。

子《し》、罕《まれ》に利《り》を言《い》う。命《めい》と与《とも》にし、仁《じん》と与《とも》にす。

孔子は利について語るのは稀《まれ》であった。利を言う場合には、天命や仁と一緒に語った。

子《し》、四つを絶《た》つ。意《い》なく、必《ひつ》なく、固《こ》なく、我《が》なし。

これは孔子が、独善と先入観と固執《こしつ》と我の主張とを排した、という意味である。

子《し》、川《かわ》の上《ほとり》に在《あ》りてのたまわく、逝《ゆ》くものは斯《か》くの如《ごと》きかな、昼夜《ちゅうや》を舎《お》かず。

孔子は川のほとりに立って言った――過ぎ去ったものは帰らない、昼も夜も川が流れ続けて行くようなものである。

われ未《いま》だ徳《とく》を好《この》むこと色《いろ》を好《この》むが如《ごと》くなる者《もの》を見《み》ず。

自分は、色を好むように夢中に徳を好むものに会ったことがない。

後生畏《こうせいおそ》るべし。いずくんぞ来《きた》る者《もの》の今《いま》に如《し》かざるを知《し》らんや。四十五十にして聞《き》こゆるなくんば、これ亦《ま》た畏《おそ》るるに足《た》らざるのみ。

若いものはおそろしい。後進が今の先輩に及ばないとどうしてわかるか。四十、五十の年齢になって名声一つ聞かれないようではおそるるに足らない。

前半の「後生畏るべし。いずくんぞ来る者の今に如かざるを知らんや」は、われわれが日常耳にする言葉である。

（十）郷党篇《きょうとう》

この篇には孔子の門弟が、師である孔子の生活態度などについて語ったものが集められている。孔子の礼儀正しく、謙虚《けんきょ》で、しかも堂々としている聖者の風貌をいろいろと実例をあげて述べている。

（十一）先進篇《せんしん》

先進《せんしん》の礼楽《れいがく》に於《お》けるは野人《やじん》なり。後進《こうしん》の礼楽《れいがく》に於《お》けるは君子《くんし》なり。もしこれを用《もち》いれば、すなわちわれは先進《せんしん》に従《したが》わん。

この篇の名はこの冒頭の言葉に由来する。「昔の人は礼楽に対していなか者的であったが、今は優雅である。どちらをとるかということなら私は昔の方をとりたい」という意味である。

この訓辞につづいて、この篇では孔子の門人やその他の人物についての見方、人物評というべきものが主として集められている。

顔淵《がんえん》死《し》す。子《し》のたまわく、噫《ああ》、天《てん》われを喪《ほろ》ぼせり、天《てん》われを喪《ほろ》ぼせり。

翻訳は不必要であろう。後継者ともたのんだ顔回《がんかい》の死を悲しむ孔子のなげきである。

論《ろん》の篤《あつ》きにこれ与《く》みせば、君子者《くんししゃ》か、色荘者《しきそうしや》か。

言葉がうまいことだけをみれば、君子であるかにせものか区別がつかない。

（十二）顔淵篇《がんえんへん》

顔淵篇といっても、顔淵の言葉または顔淵についての孔子の言葉を集めたものではなく、孔子と門弟や国君その他との対話を集めている。篇名の由来は何度も書いたように冒頭の言葉である。

顔淵《がんえん》、仁《じん》を問《と》う。子《し》のたまわく、己《おのれ》に克《か》ちて礼《れい》に復《かえ》るを仁《じん》と為《な》す。一日己《いちじつおのれ》に克《か》ちて礼《れい》に復《かえ》れば、天下仁《てんかじん》に帰《き》す。仁《じん》を為《な》すは己《おのれ》に由《よ》る。人《ひと》に由《あ》らんや。顔淵《がんえん》いわく、請《こ》う、其《そ》の目《もく》を問《と》う。子《し》のたまわく、非礼視《ひれいみ》るなかれ、非礼聴《ひれいき》くなかれ、非礼言《ひれいい》うなかれ、非礼動《ひれいうご》くなかれ。顔淵《がんえん》いわく、回《かい》、不敏《ふびん》と雖《いえど》も、請う、斯《こ》の語《ご》を事《こと》とせん。

顔淵が仁とは何かを孔子に問うと、孔子は答えた。「おのれに打《う》ち克《か》って礼の原則にかえることが仁である。いったんおのれに克《か》って礼に復《かえ》れば天下がこの仁に服すようになる。仁を為すかどうかは自分しだいであり、他人事ではない」

顔淵はもっとくわしく説明を求めると、孔子は答えた。「礼にかなわぬことは視てはならぬ、聴いてはならぬ、言ってはならぬ、行動してはならぬ」。これをきいて顔淵は、「自分はおろか者ですが、この言葉を守って行きたい」と答えた。

この問答につづいていろいろの問答が載っているが、主として孔子の仁についての考え方が述べられている。人民への軽視をいましめたり、不言実行、心配したり迷ったりしない、というような君子のあり方について述べている。

また子貢《しこう》との対話で政治について次のように述べている――「食を足し、兵を足し、民これを信《しん》にす」。すなわち、食糧問題、国防問題、道義問題の三つである。この三つのうちどうしても一つを捨てなければならないとしたらどうするかという問いに、孔子は「兵を去らん」と答えている。武力を放棄せよというのである。

一つだけとるなら道義《どうぎ》を残せというのが孔子の主張である。ここに「仁」の思想の真《しん》面目《めんもく》がにじみ出ている。

訟《うったえ》を聴《き》くは、われ猶《な》お人《ひと》のごとし。必《かなら》ずや訟《うったえ》無《な》からしめんか。

自分も裁判は人並みにできるだろうが、願いは訴訟のない世の中である。

博《ひろ》く文《ぶん》を学《まな》びて、これを約《やく》するに礼《れい》を以《もっ》てすれば、亦《ま》た以《もっ》て畔《そむ》かざるべきか。

「君子はひろく学んだならば、これを締め括るため礼が必要だ」という意味である。明治時代の有名な政治家・伊藤博文《いとうひろぶみ》の名前は、この前半の言葉「博く文を学びて」から取られたものである。

さらに別のところで、孔子は仁とは何かの問いに「人を愛す」と答えている。知とは「人を知る」と答えている。

（十三）子路《しろ》篇

ここでは国を治めることと、修身《しゅうしん》に関するものが中心である。

子路《しろ》政《まつりごと》を問《と》う。子《し》のたまわく、これに先《さき》んじこれを労《いた》われ、益《えき》さんことを請《こ》う。のたまわく、倦《う》むこと無《な》かれ。

「政治に重要なことは、まず政治家自身が人に先んじて働き、人が国のために働いたらこれをいたわるべきだ」と孔子は言う。重なる問いに「あきてはならぬ」と答えた。

其《そ》の身《み》正《ただ》しければ、令《れい》せずして行《おこな》わる。其《そ》の身《み》正《ただ》しからざれば、令《れい》すと雖《いえど》も従《したが》わず。

政治家の品行が正しければ命令しなくても政治はうまくいく。反対に品行が正しくなければ、いくら命令しても大衆は従わない。

君子《くんし》は泰《やす》くして驕《おご》らず、小人《しょうじん》は驕《おご》りて泰《やす》からず。

剛《ごう》、毅《き》、木《ぼく》、訥《とつ》は仁《じん》に近《ちか》し。

「泰《やす》くして」は落ち着きがあるの意。「剛毅木訥」とは意志堅固《いしけんご》、勇敢、質素、寡黙《かもく》の意。この二つに似た言葉は『論語』のいたる所に出てくる。孔子がよほど好きなテーマであったと思われる。

戦争に人民を動員することについて、孔子の考え方はじつに慎重であった。次の二つの言葉に示されている。

善人《ぜんじん》、民《たみ》を教《おし》うること七年、亦《ま》た以《もっ》て戎《じゅう》に即《つ》かしむべし。

教《おし》えざる民《たみ》を以《もち》いて戦《たたか》う、これこれを棄《す》つと謂《い》う。

君子が人民を七年教育したら、はじめて戦争に使うことができる。教育していない人民で戦争すれば、人民を捨てるのと同じである。

（十四）憲問篇《けんもんへん》

この篇では、個人の生き方についての孔子の言葉と対話を集めている。

士《し》にして居《きょ》を懐《おも》うは、以《もっ》て士《し》と為《な》すに足《た》らず。

士たるもの家庭のことばかり考えているようでは、士たる資格はない。天下を動かす気概《きがい》がなければならない。

貧《ひん》にして怨《うら》むこと無《な》きは難《かた》し。富《と》みて驕《おご》ること無《な》きは易《やす》し。

貧しくても心安んじて人を怨まないのは、むずかしいことである。これに比べると富んでおごらないということはやさしい。

古《いにし》えの学者《がくしゃ》は己《おのれ》の為《ため》にし、今《いま》の学者《がくしゃ》は人《ひと》の為《た》めにす。

古えの学者は自分の修養のために学問をしたが、今はちがう。人に知られんがための学問である。

君子《くんし》は其《そ》の言《げん》の其《そ》の行《こう》に過《す》ぐるを恥《は》ず。

君子は言葉が行動を上まわるのを恥じるものである。

人《ひと》の己《おのれ》を知《し》らざるを患《うれ》えず、己《おのれ》の能《よ》くする無《な》きを患《うれ》う。

人が自分のことを知らないのを苦にするな。自分に能力がないことを心配すべきである。

（十五）衛霊公篇《えいれいこう》

前の篇に続いて修身処世訓《しょせいくん》を集めている。

志士仁人《ししじんじん》は、生《せい》を求《もと》めて仁《じん》を害《がい》すること無《な》し。身《み》を殺《ころ》して仁《じん》を成《な》すこと有《あ》り。

仁を求めるものは、命惜しさに仁を害することはない。時には命を捨てても、仁を成就することも必要である。

これは有名な格言である。「身を殺して仁を成す」という言葉は、わが国でよく使われてきた。時には軽挙盲動《けいきょもうどう》を合理化する言葉として使われた。

躬《み》自《みずか》ら厚《あつ》くして、人《ひと》を責《せ》むるに薄《うす》ければ、すなわち怨《うら》みに遠《とう》ざかる。

自《みずか》らを責めるのに厳しく、他人を責めるのに寛大《かんだい》であれば、怨《うら》んだり怨《うら》まれたりしないものである。

君子《くんし》は矜《きょう》にして争《あらそ》わず、群《ぐん》して党《とう》せず。

君子はむやみに人と争わない。徒党を組むようなこともしないものだ。

巧言《こうげん》は徳《とく》を乱《みだ》る、小《しょう》を忍《しの》ばざればすなわち大謀《たいぼう》を乱《みだ》る。

巧言は徳を害し、小さな忍耐ができなければ大事業は成らない。

衆《しゅう》これを悪《にく》むも必《かなら》ず察《さっ》し、衆《しゅう》これを好《この》むも必《かなら》ず察《さっ》す。

大衆のにくむ所、好むところを知るだけでなく、その善悪を判断しなければならない。

人能《ひとよ》く道《みち》を弘《ひろ》む。道《みち》、人《ひと》を弘《ひろ》むるにあらず。

人が道を弘めるのであって、道が人を弘めるのではない。水戸の弘道館《こうどうかん》の名は、この前半の孔子の言葉に由来している。

過《あやま》ちて改《あらた》めざる、これを過《あやま》ちと謂《い》う。

過っても改めない、これが本当の過ちである。

辞《じ》は達《たっ》して已《や》む。

どんなにうまい話をしても、また美辞麗句を並べても、意味が通らなければ何にもならない、言葉は意味が通じなくてはだめである。

（十六）季氏《きし》篇

この篇は、これまでの篇と多少違っている。孔子の言葉の頭には「子のたまわく」という言葉がついているが（第Ⅰ部 第三章では省略した）、この篇だけは「孔子いわく」となっている。

『論語』の成立のところで述べたとおり、いくつかのテキストが一緒になって現存する体裁となったものと考えられるが、表現の不統一はこのために起きたのであろう。「季氏将《まさ》に……」で始まるこの「季氏篇」では、孔子と門弟や政治当局者との対話、および孔子の訓辞が集められている。内容的には当時の政治に関することが多い。これらの記事は当時の政治情勢を説明する上での貴重な資料といえるだろう。

（十七）陽貨篇

この篇では、孔子が、世が乱れ道がすたれるのを嘆いて、門弟や一般人、政治家に警告した言葉が主に集められている。とくに日本人によく知られている言葉を紹介する。

性《せい》、相近《あいちか》し、習《なら》い相遠《あいとお》し。

人間の生まれながらの本性はほぼ似たり寄ったりであるが、教育や環境によって違いが出てくる。重要なのは教育と環境である。

巧言令色《こうげんれいしょく》、鮮《すくな》し仁《じん》。

前述したとおり、これは巧言と令色をいましめた言葉である。（一）の学而篇にも出ている。

飽食終日《ほうしょくしゅうじつ》、心《こころ》を用《もち》うる所《ところ》無《な》きは難《かた》いかな。博弈《ばくえき》というものあらずや。これを為《な》すは猶《な》お已《や》むに賢《まさ》れり。

「博《ばく》」は雙六《すごろく》の類、「弈《えき》」は囲碁である。すごろくや囲碁は二千五百年前の中国に存在していたことになる。この訓辞の意味は、「終日たらふく食べて何もしないのはよくない。すごろくや囲碁のような勝負事でもする方がまだましだ」ということである。

ただ女子《じょし》と小人《しょうじん》とは養《やしな》い難《がた》しとなす。これを近《ちか》づくればすなわち不遜《ふそん》、これを遠《とう》ざくればすなわち怨《うら》む。

女子と小者は扱いにくい。近づけば図に乗り、遠ざければ怨《うら》む、という意味である。男女同権の現在では評判の悪い格言である。孔子は女性問題で苦労したのかも知れない。

年《とし》四十にして悪《にく》まるれば、其《そ》れ終《おわ》らんのみ。

「四十歳になってもろくな事をせず、人に悪《にく》まれるような者はもうおしまいだ」という意味である。四十男は肝に銘じておくべき言葉であろう。

（十八）微《び》子《し》篇

微《び》子《し》はこれを去《さ》り、箕《き》子《し》はこれが奴《ど》と為《な》り、比《ひ》干《かん》は諫《いさ》めて死《し》す。孔《こう》子《し》のたまわく殷《いん》に三仁《じん》有《あ》り。

殷《いん》の紂王《ちゅうおう》を諫《いさ》めた微《び》子《し》、箕《き》子《し》、比《ひ》干《かん》の三人の潔《いさぎよ》い出所進退《しゅっしょしんたい》を高く評価して、孔子はこの三人を仁者と呼んだ。この篇では孔子自身を含めて賢聖《けんせい》といわれた人の生き方にふれている。

（十九）子張《しちょう》篇

この篇には、孔子自身の言葉はない。子夏《しか》や子貢《しこう》の言葉で孔子の教えが語られている。いくつか紹介しよう。

子張《しちょう》いわく、徳《とく》を執《と》ること弘《ひろ》からず、道《みち》を信《しん》ずること篤《あつ》からずんば、いずくんぞ能《よ》く有《あ》りと為《な》し、いずくんぞ能《よ》く亡《な》しと為《な》さん。

「徳も道も徹底すべきである」という意味の訓言である。

子夏《しか》いわく、博《ひろ》く学《まな》びて篤《あつ》く志《こころざ》し、切《せつ》に問《と》いて近《ちか》く思《おも》う。仁《じん》、其《そ》の中《なか》に在《あ》り。

博学《はくがく》（博く学ぶ）、篤志《とくし》（志が篤い）、切問《せつもん》（熱心に質問する）、近思《きんし》（身近な実際問題を思索する）によって、仁に近づくことができる。これらの言葉はいずれも孔子の教えに従ったものである。

（二十）堯曰篇《ぎょうえつ》

『論語』の最終篇であり、三つの文章から成る。最初は、堯《ぎょう》が舜《しゅん》に天下を譲ったときの話である。「堯舜文武の道」として知られる話である。古代中国の帝王が何故《なぜ》栄えたかについて、孔子の立場からの見方が述べられている。

二番目には、子張が政治について孔子に質問し、孔子がこれに答える応答が載っている。ここでは「五美《ごび》」を尊び「四悪《しあく》」を除くという孔子の考え方が述べられている。五美とは「恵《けい》して費《つい》えず」「労《ろう》して怨《うら》みず」「欲《ほっ》して貪《むさぼ》らず」「泰《やす》くして驕《おご》らず」「威《い》ありて猛《たけ》からず」である。

四悪とは「教《おし》えずして殺《ころ》す、これを虐《ぎゃく》と謂《い》う」「戒《いまし》めずして成《な》るを見《み》る、これを暴《ぼう》と謂《い》う」「令《れい》を慢《ゆるやか》にして期《き》を致《いた》す、これを賊《ぞく》と謂《い》う」「猶《ひとし》く人《ひと》に与《あた》うるなり、出納《すいとう》の吝《やぶさ》かなる、これを有司《ゆうし》と謂《い》う」。この最後の有司というのは官僚という意味である。官僚の悪弊は二千五百年前も今も変わらない。

『論語』の終わりは孔子自身の言葉で結ばれている。

孔子のたまわく、命《めい》を知《し》らざれば、以《もっ》て君子為《くんした》ること無《な》し。礼《れい》を知《し》らざれば、以《もっ》て立《た》つこと無《な》し。言《げん》を知《し》らざれば、以《もっ》て人《ひと》を知《し》ることなし。

君子の道は「知命《ちめい》」「知礼《ちれい》」「知言《ちげん》」であるとの孔子の教えである。

『論語』は君子に始まり、君子に終わっている。君子という人間の理想像をつくり、この理想に向かって人類を教育しようとした、孔子の遠大な思想の面目躍如《めんもくやくじょ》たるものである。

すでに日本においては、孔子を源流とする儒教の理念は、日本軍国主義に大いに利用されるところとなり、戦後の教育思想から排除されている。しかし、これはあくまで『論語』の一面であろう。

二千五百年の生命力をもつ『論語』の思想は、簡単に日本人の中から取り除くことはできないであろう。新しい時代に適応する形をとって再評価されることになるかもしれない。あるいは、より積極的に、孔子の「仁」の思想は、新しい時代に融《と》け込《こ》んで、人間尊重思想の発展に前進的役割を果たす可能性を含んでいるといえよう。

第Ⅱ部　アリストテレスと『ニコマコス倫理学』

第一章　アリストテレスにいたるギリシア哲学の系譜

(一)　神々の誕生

人類の歴史の初期に共通な現象は、宗教の発生である。幼稚な農業、狩猟、漁労が生産活動の主体だった時代には、天災、病気、飢餓に悩まされた。古代人にはこれらの現象が人間と自然の力を超越した「何か」によって起こされているように映ったであろう。この「何か」が霊とか神である。

この超自然的能力は、初期には悪をもたらすものと考えられた。しかし時の経過とともに、これは善をもたらすものだと考えられるように変わっていった。

古代ギリシア人は紀元前九、八世紀頃には、ゼウスを中心とする多数の神々の系譜をつくりあげた。神話はホメロスやヘシオドスらによってまとめあげられた。人間は死ぬが神は永遠である。人々はこの永遠なるものに親しむようになっていった。

このためであろうか、ギリシア神話の神々は現実の人間生活を反映している。たとえば、天地の主宰者ゼウスのもとに、結婚＝ヘラ、太陽＝アポロン、牧畜＝アルテミス、知識＝アテナ、交通＝ヘルメス、豊作＝デーメーテール、愛と美＝アフロディテ、海＝ポセイドン、金具＝ヘーパイストス、軍事＝アレース、というようである。

(二) ギリシア哲学の誕生

ギリシア哲学発祥地はイオニアである。はじめは商人でのちに政治家として活躍したイオニアのターレスは、変転する現象のアルケー（根源的質料）は水であると考えた。ターレスの研究はアナクシマンドゥロスらにひきつがれ、万物の根源はアペイロン＝無限定なるもの、と考えられた。

またアナクシメネスは、すべての根源は空気だと考えた。彼らはミレトス学派といわれた。ミレトス学派は自然を神から切り離し、自然をありのままに観察しようとした。紀元前六世紀末にはヘラクレイトスは『自然』を書き、万物の根源は火であると説いた。

紀元前五世紀頃イタリア生まれのギリシア哲学者パルメニデスは、現実世界と仮象世界とを区別し、現実を思惟と概念が、仮象を時間と空間が、支配すると考えた。またエンペドクレスは火風水土の四要素は相互に変化しない独立の物質でありこの四元素の結合分離により世界は成立しているとした。

これらの哲学的思考と、独自に発展しつつあった自然学とが結合して、原子論が生まれた。レウキッポスとその弟子デモクリトスによって体系づけられた原子論の内容は、世界は無限に微小な、永遠の物質アトムよりなり、アトムの結合分離から生命が生まれまた死ぬ、というものである。

紀元前六世紀頃「ピタゴラスの定理」で有名なピタゴラスとその弟子たちは万物の生成と消滅を研究した。彼らは宇宙の中心に火があり、火を中心にして太陽、月、地球その他の星が運動するという考え方をとった。

このように初期の古代ギリシア哲学は世界の根源を神から切り離したが、古代ギリシア宗教が多数の神々を求めたのと同様に、多様な存在の根源を追究した。

(三) 人間中心思想の形成

プロタゴラス、ゴルギアス、ヒッピアスらのソフィストは客観的真理の存在を否定し、人間の存在そのものが決定的であると考え、雄弁や論争の技術を重視し、この普及のために活躍した。「人間は万物の尺度である」というプロタゴラスの言葉はソフィストの人間中心主義の思想を物語る。真理が各人の主観で決まる、つまり真理は主観的であり相対的であるという主張は近代的思想に似ている。

しかし、ソフィストの相対主義は、やがてソクラテスの徹底的批判にさらされた。ソクラテスの合理主義、人間主義はソフィストと立場を異にするものではなかったが、彼は普遍的絶対的真理の存在を信じた。彼は真理に対する大衆の無自覚を批判し、街頭で人々との問答に努めた。しかし、ソクラテスの活動は青年を惑わすものだとして告訴され死刑を宣せられ、ついに毒杯を仰いだ。ソクラテスの弟子プラトンが書いた『ソクラテスの弁明』は、法廷における自己弁論の記録である。

ソクラテスの普遍的真理の探究を一層進めたのがプラトンである。ソクラテスの教えをうけて哲学を志し、国家観の理想を現実に生かそうと政治に手を出したが失敗し、のちにアカデメイアという名の学校を開設して子弟の教育に努めた。この点孔子と非常によく似ている。

プラトンは真理の存在をイデアといった。イデアは多数の個に分有されると同時に個を超えてこれを統一する「共通なるもの」である。イデアにもいろいろあるが、最高のものが善である。

プラトンは、『ラケス』(勇敢)、『シュンポシォン』(愛)、『ポリテイア』(国家)、『ティマイオス』(自然)、『ノモス』(法律)、など多数の著作を残した。これらはすべて対話である。プラトンは人類史上最大の思想家の一人であったといって過言ではない。ドイツ観念論哲学はプラトンの系譜をついでいる。

（四）アリストテレスの役割

われわれが本章で取り上げる主人公アリストテレスは、プラトンの弟子である。しかしプラトンとは反対に、プラトンが軽視した現実の世界に、アリストテレスは目を向けた。目的としたところは、自然科学を含めたあらゆる学問の統一である。

アリストテレスにあっては、現実こそ善であった。そして個々の現象を通じて世界を認識しようとした。彼はプラトンと違い、イデアは特殊の存在でなく、個々の存在ともにのみ存在しうると考えた。

ここにみられるように近代学問論、科学論の基礎はアリストテレスによって築かれたというべきであろう。アリストテレスによって、哲学の系譜は学問と科学の方向へ発展する基礎がかためられた。アリストテレスは次のように述べている。

学問とは一般的・必然的なことがらに関する判断であるが、もろもろの論証的帰結は――従ってあらゆる学問は――種々の基本命題の上に立っている。学問は、実に、推理をたてまえとするものなのである。（『ニコマコス倫理学』高田三郎訳、河出書房版、世界大思想全集＝哲学・文芸思想篇二、一四七頁）。

第二章　アリストテレス略伝

（一）　アリストテレスの生涯

紀元前三八四年マケドニアに近いカルキディケ半島の小都市スタゲイロスに出生。父ニコマコスは父祖代々の医業をつぎマケドニア王の侍医であった。幼少の頃父母と死別。十七歳の頃高等教育をうけるためアテナイに移り、プラトンの学校アカデメイアに入門した。プラトンはこの時すでに六十歳であった。このときからプラトンが没するまでの約二十年間、アリストテレスは学生としてまた研究者として、研究と教育のために活動した。

しかしプラトンの、シチリアの政治に手を出したりするような政治的熱意は、アリストテレスにはあまり通じなかったようである。むしろアリストテレスはプラトンの影響を強く受けながらも、哲学思考において反プラトン的資質を持ちつづけ、自然科学とくに生物学の面での優れた素質をのばしていった。

のちにアリストテレスはプラトンのイデア説が超現実的である点を非難しているが、個人生活の面では、プラトンと反対に現実政治からは逃避的であった。アリストテレスはプラトン以上に経験や現実を重視したが、しかし、根本においては超経験的な神の存在によって世界を説明しようとした観念論哲学者であった。

紀元前三四七年プラトンの死後、小アジアのアッソスの統治者となっていた同門の学友ヘルミアスの招きに応じてアッソスに移った。彼はそこでアカデメイアの分校のような研究所を創設、研究と教育に没頭した。

ここで彼はヘルミアスの養女と結婚し一女をもうけたが、妻子ともに死別した。その後ヘルビリスという名の婦人を内縁の妻としたが、この間に生まれた男子に、父と同じニコマコスという名を与えた。『ニコマコス倫理学』はアリストテレスの著作を息子ニコマコスが編纂したものである。

三年後レスボス島に移り生物学の研究に専念したが、紀元前三四三年頃、マケドニア王フィリッポスに招かれ、王子アレクサンドロスの家庭教師となった。のちに世界征服をめざしてアジア征服を実行したアレクサンドロス大王である。しかし征服者アレクサンドロスをつくるのにアリストテレスはあまり貢献しなかったようである。逆に征服に反対の立場をとったものと伝えられている。

フィリッポス王の死後、アリストテレスは再びアテナイにもどり、アポロン・リュケイオスを祭った聖域にある建物を借りて「リュケイオン」という名の学校を開いた。この学徒は普通「ペリパトス学徒（逍遥学徒）」といわれた。

アリストテレスが毎朝、高弟たちと散歩道（ペリパトス）をあるきながら、哲学上の問題を議論したことに由来するといわれる。午前中に論理学、自然学、形而上学などの高等な講義を行い、午後に一般聴衆向きに弁論術、詭弁術、政治学などを講義した。現存するアリストテレスの著作の大部分はリュケイオン学頭時代の講義録である。ここで彼は十二年間の充実した研究と教育の活動に専念した。

しかし紀元前三二三年末にアレクサンドロス大王の死が伝えられるや、アテナイに反マケドニア運動が起こり、マケドニアと縁故の深いアリストテレスに対して市民からの反感が起こった。彼は、学校をテオフラストスに委ねて、アテナイを逃れ、母親の故郷カルキスに移ったが、翌三二二年病死した。

(二) アリストテレスの著作

アリストテレスの著作は、①一般向きで自分自身が公刊したもの、②研究資料として作られたメモ、③研究結果をまとめたアカデミックな論文と講義録、の三種類に大別される。

①のタイプに類するものはプラトンにならって対話風のものが多いが、現存するものはほとんどない。『エウデモス、別名、霊魂について』『哲学について』『哲学への勧め』などがそうであるといわれている。『正義について』『弁論術について』『政治家について』『ソフィスト』『メネクセノス』などは書名だけが知られていて内容は不明であ

る。②のタイプのものもほとんど現存しない。①②のうち現存するのは十九世紀に発見された『アテナイ人の国家制度』ぐらいのものである。

現存する著作のほとんどは③のタイプのものである。プロイセン学士院の『アリストテレス全集』によると次のようである。

(1) 論理学的著作＝範疇論、解釈論、分析論（前篇、後篇）、トピカ、詭弁論駁。

(2) 自然学的著作＝自然学（八巻）、天体論、生成と消滅、気象論、霊魂論（三巻）、自然学小論集、動物誌（九巻、終わりの三巻はアリストテレス自身のものではない）、動物部分論（四巻）、動物の運動、動物の歩行、動物発生論。

(3) 形而上学的著作＝形而上学（十四巻）

(4) 実践学的著作＝ニコマコス倫理学（十巻）、大倫理学、エウデモス倫理学、政治学、弁論術、詩学。

（三）『ニコマコス倫理学』について

アリストテレスの倫理学書としては、前述のとおり『ニコマコス倫理学』の他『エウデモス倫理学』、『大倫理学』（『大道徳学』という呼び方もある）の三つがある。『ニコマコス倫理学』は完全な形で残されているが、他の二著は不完全であり、単に「アリストテレスの倫理学」といえばニコマコスを指す。

ニコマコスはアリストテレスの息子の名であることは前述のとおり。エウデモスというのは数学史や自然科学史上で著名なロドスのエウデモスのことである。『大倫理学』はその名称とは反対に、三つの中で、一番量が少ない。また純粋にアリストテレス的でないと見られる内容を含んでいて、本物かどうかについて異論がある。『エウデモス』と『ニコマコス』との関係について、前者が初期のもの、後者が後期のもの、との説があるが、前者の四・五・六巻と後者の五・六・七巻が同じであるため、現在なおはっきりしたことは不明である。

いずれにしても、アリストテレスの『エティカ（倫理学）』といえば、これから内容を紹介する『ニコマコス』を指しており、最も完成された、代表的なものであることは動かしがたい。

ところで倫理学はアリストテレスの論理体系の中でどう位置付けられるか。アリストテレスは学問を理論学、実践学、制作術とに大別している。

理論学（テオーリア）は形而上学、数学、自然学の三分野を含むものであり、自然的存在を研究対象としている。実践学（プラクシス）は人間の行為に関する学問である。アリストテレスによると人間はポリス（都市国家）の成員として生活するから、実践学は国家学である。これは国家行政をよくするための政治学と、国民の性格をよくするための倫理学を含む。（しかし、『ニコマコス倫理学』は単に国民の性格学であることを超えて、個人の性格学としての倫理学になっている）。制作術（ポイエーシス）とはものを作る技術のことである。アリストテレスは『詩学』において詩を作る技術を述べているが、生産技術については著作はない。

アリストテレスは、以上の三区分にランク付けをしている。すなわち、技術よりも実践学を、実践学よりも理論学を重視する。しかしこのことは『倫理学』の価値を下げるものではない。『倫理学』がアリストテレスの最大の代表作であることに変わりはない。

第三章　『ニコマコス倫理学』解説

以下の解説においては、『世界大思想全集＝哲学・文芸思想篇二』（河出書房）の高田三郎教授の訳を参照させていただく。

第一巻——総論

第一章は「如何なる技術も如何なる研究も、同じくまた、如何なる実践も選択も、ことごとく何らかの善きものを追求していると考えられる」という言葉ではじまる。しかし「善」にはいろいろあり、その間に従属関係がある。そして大所高所に立つものの方がこれに従属するものより優位にある、というのである。

人間活動の目的は善であり最高善でなくてはならない。従って善の知識はわれわれの生活にとって重要である。善が何であるかを把握するための学問は政治学であり、人間的善が政治の究極目的でなくてはならない。善は個人にとっても国家にとっても同じであるが、ポリスの善の実現と保全の方が、個人にとっての善よりも究極的である（**第二章**）。

ついで研究姿勢について述べる。「われわれの研究対象の素材に相応した程度の明確な論述がなされるならばそれで充分としなければならないであろう」。政治学の受講者の条件としては教養があり判断力を持つことが必要であり、人生経験のない年少者や倫理に未熟なものは政治学の聴講者としては不適当である（**第三章**）。

善のうち最上のものは幸福であるが、幸福とは何かについて異論がある。この点の研究にあたって、われわれは「われわれにとっての判明なことがら」から出発すべきである。すなわち、何を為すべきかが出発点である（**第四章**）。

主要な実生活の形態に三つある。享楽的生活と政治家的生活と観照的生活である。卑俗な人々は快楽を欲しがり、政治家は名誉を求める。快楽も名誉もまた富も、善や幸福ではない（**第五章**）。

善に共通のイデアがあるか。「本質者にあっては例えば神や理性が、性質にあってはもろもろの卓越性が、量にあっては適度が、関係にあっては有用ということが、時間にあっては好機が、場所にあっては適住地が、いずれも善と呼ばれる」。「善はこれらすべてに共通な単一的な或る一般者ではあり得ない」（**第六章**）。

幸福こそ究極的、自足的なもので人間の活動の目的である。最高善は幸福である。では幸福とは何か。これは人間の機能は何かが把握されれば明らかになる。人間の機能とは魂の「ことわり」を伴う活動である。人間の善とは、人間の卓越性に即しての魂の活動である（**第七章**）。

善に三様の区別がある。外的な善、魂に関する善、身体に関する善である。魂に関しての善が最もすぐれた善である。「最もうるわしきは他にすぐれて正しきこと、最も善きは健康であること、最も快《たの》しきは、みずからの愛する相手を首尾よく獲得すること」――これこそ幸福である（**第八章**）。

幸福とは習練とか習慣づけとかの努力で得られるものか、それとも神から与えられるものか、運で得られるものか。幸福は神的なものに属するとみられるが、しかし幸福はひろく行きわたるはずのものであり、卓越性に対して不具でない人は、習練や心遣いにより幸福を獲得できる。幸福とは卓越性に即しての魂の或る活動である（**第九章**）。

ところで、生存中に幸福な人であるといえるか。幸福な人とは、究極的な卓越性に即して活動する人、究極的な生涯にわたって外的な善に恵まれている人（**第十章**）。（第十一章、第十二章は省略）。

ついで、卓越性の考察。人間的卓越性とは身体の卓越性でなく魂の卓越性である。魂の卓越性には知性的卓越性と倫理的卓越性とがある（第十三章）。

第二巻――倫理的卓越性について

知性的卓越性は教育に負うもので経験と歳月がものを言うが、倫理的卓越性は習慣づけに基づいて生ずる。倫理的卓越性つまり徳は、本性的に与えられているものでなく、習慣づけによりわれわれが完成されるとき、自分のものとなる（第一章）。

われわれの行為はわれわれの「状態」の性質さえも決定する力をもっている。では行為は如何に行われるべきか。節制とか勇敢のような「徳」の場合のように過不足によって失われ、「中庸」によって保たれる（第二章）。

徳は、快楽と苦痛に関わる。徳は行為と情念に関わる。あらゆる行為と情念には快楽と苦痛が伴う。これにどう対処するかは重要な問題である（第三章）。

正しい行為を行うことにより正しい人が生まれ、節制的な行為を行うことにより節制的な人が生まれる。いくら議論をしても実行しなければ、どんな人もよくはならない（第四章）。

ついで、徳についての考察。魂において生まれるものは情念、能力、状態の三つである。情念とは、欲情、憤怒、恐怖、平然、嫉視、歓喜、親愛、嫌悪、憧憬、憐憫その他総じて快楽と苦痛を伴うもの。能力とは、それがあることによってこれらの情念を感受しうるもの。たとえば怒るとか恐怖するとかのできるということ。状態とは、情念への関係において善くまたは悪くふるまうもの。たとえば怒る場合激烈であったり鈍感であったりするのは悪い状態であり、「中」的であればよい状態である。徳は情念でも能力でもなく「状態」である（第五章）。

では徳とはいかなる状態であるか。それは中庸である。中庸とは二つの悪徳の、すなわち過超に基づくものと不足に基づくものとの間ということである（**第六章**）。

ついで、**第七章**では「中庸」の内容を例をあげて説明する。恐怖と平然に関しては勇敢がその中庸である。財貨の贈与ならびに取得に関しては、中庸は寛厚であり、過超と不足は放漫とけちである。名誉と不名誉に関しては、中庸は矜持であり、過超は倨傲《きょごう》のたぐい、不足は卑屈である。怒についての中庸は穏和であり、情念においての中庸とは「恥を知る」ことである。義憤は嫉視と悪意の中庸である。

二つの悪徳――過超と不足、一つの徳――中庸、三通りの様態があり、相互の間は対立的である。勇敢と怯懦と無謀との関係。寛厚とけちと放漫の関係（**第八章**）。

「中」を捉えることがいかに困難か。最も警戒すべきは快楽。快楽に対する人の判断は公平でないからだ（**第九章**）。

第三巻――いろいろな倫理的卓越性について

情念や行為における随意的なものと不随意的なものの区別。「不随意的」なものは強要もしくは無知・無識によって生ずる（第一章）。

「選択」は徳と密接な関係にある。選択とはどういうことか。随意的ということと同一でない。随意的の方が広範囲である。欲情や憤激や願望とも違う。選択とは「あらかじめ思量されたことがら」である（第二章）。

では、何に対して、どう思量されるか。人間が思量するのは、各自によって為されうることがらに関してである。われわれが思量するのは、目的に関してでなく、いろいろな手段についてである。選択とはわれわれの力の範囲内に属することがらに対する思量的な欲求である（第三章）。

選択は目的への手段に関わるものであるが、願望は目的自身に関わるものである。願望は即善ではない。間違いが生じやすいのは快楽である。普通の人には快楽が善とみえるからである。快楽は善ではない（第四章）。

すなわち、目的とは願望の内容である。目的に至る手段は、思量して選択される。徳の分野における活動も目的への手段に関わる。従って徳を有するかどうかはわれわれの自由に属する。悪徳もまた同様である（第五章）。

ここまでが、徳に関する一般論で、次章からは各論になる。

勇敢その一（第六章）。勇敢は恐怖と平然の中庸である。最も恐ろしいものは死である。「厳密な意味において勇敢な人と呼ばれるべきは、うるわしき死に関して、そしておよそ忽ちのうちに死を招来するごときことがらに関して、恐れるところのない人である」

勇敢その二（第七章）。恐怖にはいろいろあるが、勇敢さとは「ことわり」の命ずるところに従って「うるわしさ」のために、恐怖に耐えることである。これに対する悪徳は、無謀と怯懦である。

勇敢その三（**第八章**）。勇敢に似ていてじつはそうでないものの例を五つあげる。(1)軍隊における強制によるものと勇敢とは違う。(2)戦争において専門の軍人が勇敢にみえるが、これは真の勇敢とは違う。(3)憤激を勇敢と考える人が多いが、「うるわしさ」「ことわりの命ずる」ところに従っているものでなければ真の勇敢ではない。(4)希望的・楽観的な人も勇敢なのではない。(5)事態に対して無知である場合に勇敢に見えることがあるがこれも違う。

勇敢は平然と恐怖の中庸であるが、恐怖との関係の方がずっと強い。勇敢だというのは、普通、恐怖に対して心を乱さないということに使われる言葉である。勇敢だというのは苦に耐えることである（**第九章**）。

節制その一（第十章）。節制は肉体的な快楽に関わるもの。触覚に基づくいろいろな快楽のうちで諸動物に共通なものは節制または放埓《ほうらつ》の対象である。

節制その二（第十一章）。欲情には一般に共通なものと、個人的・後天的なものとがある。食欲や成熟した青年の性欲は本性的なものだ。本性的な欲情は欠乏の充足であるから本性的欲情においては過ちは少ない。問題は過度の欲情である。個人的な性質の快楽には過ちが多い。しかし苦痛と節制との関係はこれとはちがう。また無感覚は人間的ではない。

節制その三（第十二章）。放埓は怯懦《きょうだ》に比してより随意的である。前者は快楽によって生じ後者は苦痛から生ずる。快楽は人の選ぶもの、苦痛は避けるもの。放埓の方がより多く非難されるのはこのためである。放埓と子供のわがままと比較し教育の必要性が強調される。

第四巻——寛厚、矜持、穏和、親愛、羞恥

寛厚とは財貨に対する中庸、放漫とけちは財貨に関する過超と不足である。けちは放漫に比してより大きな悪徳である（第一章）。

豪華について。これも財貨に関する一つの徳である。豪華は、寛厚がひろく財貨のあらゆる行為に関わるのとは違い、単に消費的な行為のみに関わる。消費の領域では豪華は規模の壮大さで寛厚を抜いている。豪華な人は寛厚であるが、寛厚な人が必ずしも豪華ではない。豪華な人の出費は壮大でかつ「ふさわしい」ものでなくてはならない。豪華は放漫とは違う（第二章）。

矜持《きょうじ》とはメガロプシュキア（魂の大きいこと、高大のこころ）である。矜持ある人とは自分が大きい人間であることを認識し、事実それに値する人間のことである。単に節度

ある人ではない。大きくて節度ある人である。自分の真の価値以上に自分をみるのは倨傲であり、それ以下にみるのが卑屈である。矜持ある人は最も大きいものに値し、最善の人でなければならない。矜持に対立するのは倨傲《きょごう》よりもむしろ卑屈《ひくつ》である。この方が実際に多く、もっと悪いものである（第三章）。

名誉と徳について。名誉心の過剰と欠如の中庸にある一つの徳（第四章）。

穏和《おんわ》について（第五章）。これは怒に関する中庸である。「然るべきことがらについて、然るべき人に対して、さらにまた然るべき仕方において、然るべき時に、然るべき間だけ怒る」人は賞讃される。この人が穏和な人である。その不足は痴愚《ちぐ》または奴隷的とみられる。過剰な人は「怒りっぽい人」「癇癖《かんぺき》の強い人」「執念深い人」「気難しい人」などと言われる。穏和に対立的なものは過剰の方である。この方が実際に多い。

人間の接触に関する徳（第六章）。「機嫌とり」「不愉快なうるさい人」の間の「中」

的な状態は賞讃される。これは親愛と似ているが、情念や愛情を含んでいないという点で親愛と少し違う。

虚飾と卑下とに対する中庸（**第七章**）。この徳は無名称であるが、中庸を得た人のことを真実の人といってよいだろう。真実の人に対立するのは虚飾家の人である。

道化と野暮に対する中庸的な人は機知ある人と呼ばれる。これには教養、気品などが影響する（**第八章**）。

羞恥《しゅうち》、無恥、内気。羞恥を徳として取り扱うことは適切でない。これは「状態」より情念と思われる。羞恥は「不面目に対する一種の恐怖」と定義されている。若い人は羞恥心によって過ちが妨げられる場合が多いが、しかし「もしそういう行為をしたなら恥じ入るであろう」というような前提は徳に関しては許されない。羞恥は徳ではない。「抑制」も徳でなく混合的なものである（**第九章**）。

第五巻——正義と不正義

正義《せいぎ》とは何か。普通は次のように考えられている。正義とは人々を正しいことの実践者にするような状態、人々が正しいことを願うような性質の状態のことである。不正義はこれと逆である。しかし正、不正の意味は多様である。正とは遵法的ということと均等的ということとの両義を含む。不正とは違法的ということと不均等ということの両義を含む。正義は究極的には徳を意味するが無条件に同一のものではない。観点が違うのである。正義は徳の一部ではなく徳の全般であり、不正義は悪徳の一部ではなく悪徳全般である（**第一章**）。

ついで**第二章**で徳の一部としての正義、悪徳の一部としての不正義を考察する。不正は違法性と不均等性の二義に区別されたが、ここで考察するのは違法性に該当する不正義であり、これに相応する正義である。この部分的正義には、配分におけるものと相互交渉で整正の役割を果たすべきものとがある。

配分上の正義と不正義。均等の意味の正義と不均等の意味の不正義。この場合の正は比例的であり不正は比例背反的である（第三章）。

いろいろな交渉にみられる整正的正義。これは利得と損害との「中」である（第四章）。

第五章で正義の意味、正義と国家、正義と法との関係が述べられている。正義とは「不正をはたらく」と「不正をはたらかれる」との「中」である。不正をはたらくのは過多を、不正をはたらかれるのは過少を得ることである。

無条件的な正と現実の国家社会的な正。国家社会的な「正」とは自足的な共同生活関係にある自由な人格をもった人々の間に比例的なまたは算術的な均等関係が成立しているという意味における「正」である。支配は人間でなく「ことわり」にさせるべきである（第六章）。

国家的社会的正義には本性的なものと人為的なものとがある。正義的行為と正しいことがらとは異なる。不正行為と不正なことがらとは異なる。不正なことがらは本性的ないしは制令によってであるが、これが為されてはじめて不正行為となる（第七章）。

不正行為かどうかは、随意的かそれとも非随意的かによって決まる。随意的であるときはじめて不正行為なのである。随意的というのは、その行為が自分勝手にできることであり、自分が何に対して、何を目的に行っているかを知って行動していることである。また「選択」に基づいて害を為す場合は、この人は不正をはたらいているだけでなく、不正な人間である。反対に選択に基づいて正しい行為を行うものは正しい人間である（第八章）。

「すすんで不正をはたらかれる」ということはあり得るか。無抑制的な人の場合には起こり得るであろうが、しかしこれは願望を伴わない。従って随意的なものではない（**第九章**）。

ついで、正義に対する「宜《よろ》しさ」の関係（**第十章**）。「宜」は「正」ではあっても法的な意味での「正」でなく、法的な「正」の補正である。法はすべて一般的なものであるが、ことがらによっては一般的規定を行えないものもある。この点の補正が必要である。これが「宜」である。

自分自身に対して不正をはたらくことは可能か。不可能である。まず広義の意味、つまり「法に規制され徳全般に即した」行為という意味での正義の場合を考える。自殺が自分自身に不正をはたらくという意味に似ているが、法が禁止していることを行うことは国家に害を与えることになる。狭義の意味の場合も同じである（**第十一章**）。

第六巻――知性的卓越性

第一章は徳以外の卓越性に関する概説。魂には有理的部分と無理的部分の二つの部分がある。有理的部分には学問的部分（それ以外の仕方では存在できない事象）と思量的部分（それ以外の仕方で存在の可能な事象）とが存在する。各部分の最善の状態とはどんな状態かが把握されるべきである。

魂の三つの機能は感覚、思考、欲求である。これが人間の実践と真理認識の原動力である。実践への端初は選択であり、選択の端初は欲求と目的的な「ことわり」である。実践的知性は制作的な知性をも支配する。選択は欲求的思考または知性的欲求であり、人間は知性と欲求とを結合し実践の端初とする（**第二章**）。

第三章は主として学問の規定。真理認識に至る過程には次の五つがある。技術、学問、思慮、知、直覚である。学問の領域に属することがらは必然的、永遠的である。学問とは「論証の能力がある」という状態である。

第四章では技術の規定を行う。技術とは「ことわりを伴った制作可能状態」である。

ついで、思慮について（**第五章**）。思慮とは「人間にとってのもろもろの善と悪に関しての、ことわりを伴った真なる行為可能状態」である。技術の卓越性は存在するが思慮の卓越性は存在しない。思慮の存在それ自身が卓越性である。

直覚について（**第六章**）。学問とは一般的必然的ことがらに関する判断である。論証的帰結は基本命題の上に立つ。これに対してこの学問的認識の基本命題に関わるものが直覚（ヌース）である。すなわち、直覚は証明のできない根本規定に関わるもので、誤りなくわれわれに真を認識させることができるものである。

知について（第七章）。知とは学問と直覚とあわせ含むもので、本性的にみて最も尊重されるべきものに関する認識である。思慮は知とは異なり、実践的であり一般的な方向と個別的方向とがともに必要である。

政治と思慮（第八章）。政治は国家に関する思慮であり、最も広い視野にたつ思慮である立法と個別にわたる思慮である政治との両方を含んでいる。実践と思量《しりょう》、評議の任務をもつものが後者であり、行政がこれである。思慮は学問とはちがい、「個」に関するものである。

ついで、「実践の領域に属するその他の知的卓越性」の一つとして「思量の優秀」を論じている。思量の優秀とは知性的な思考における正しさである（第九章）。

「わかる」と「わかりのよさ」について。「わかる」は思慮がある、または思慮を獲得するのと同じではない。「わかる」とは「まなぶ」ことである。「わかりのよさ」は他人の意見を「うるわしく」判断できることである（第十章）。

情理。「同情に富む」「情理を有する」というのは、「宜」に対する正しい判断力があるという意味である。直覚と「わかりのよさ」「情理を有する」というものは本質的なものといわれるが、これを有するにはまた経験というものが必要である（第十一章）。

さらに、知性的卓越性の効用についての疑問に答えながら、徳つまり倫理的卓越性の必要性を再び強調している（第十二章・第十三章）。

第七巻――抑制と無抑制について

倫理的性状に関して人が避けるべきものは、悪徳と無抑制と獣的状態の三つである。前二者に対立するものは徳と抑制である。獣的状態に対立する言葉はないが「神のごとき」という言葉がこれに近い。この巻では抑制と無抑制を論ずる前提として、抑制と無抑制、欲情と抑制、節制と抑制に関する諸見解を紹介している（第一章・第二章）。

抑制はあらゆる快楽と苦痛に関わるのか、それとも特定の快楽、苦痛に関わるのか。人は知りつつ無抑制に陥るか否か。この問いを後に議論するにあたっての予備的議論がここで行われている（第三章）。

まず快楽《かいらく》との関係。快楽には「必須的なもの」と「即自的に好ましいものであるがしかし過超の虞《おそ》れあるもの」とがある。前者は肉体に関係あるものつまり食欲、性欲という類のものである。後者は勝利、名誉、富などである。後者との関連で無抑制な人の場合は利得や名誉というような条件をつけて、無抑制的だといわれる。つまり条件付無抑制である。これに対して肉体的享楽を自分の知性に背いて追求し、反面餓えや寒さのような苦を回避する人は、無条件的に無抑制な人である。無抑制と放埒、抑制と節制とがしばしば混合されるのは、これらがともに快楽と苦痛に関わっているからである。放埒は選択に基づくが、無抑制は選択ではなく踏みはずすことである（第四章）。

獣的または病的状態での無抑制は擬似的無抑制である。憤怒についての無抑制も擬似的なものである。抑制および無抑制は放埒と節制の関わるところにのみ関わるのである（**第五章**）。

憤怒についての無抑制は欲情におけるそれに比べて醜いものではない。ここで「怒りっぽい」ということの原因と性質、他の無抑制との比較が行われている。獣的状態よりも悪徳の方が悪い。悪い人間は獣類よりずっと悪いのである（**第六章**）。

ついで**第七章**で、抑制と我慢強さ、無抑制と辛抱のなさ、せっかちと弱さの問題を論じ、後悔を知らない人は癒《いや》しようがないと言っている。放埒な人は後悔することを知らないが、無抑制な人は後悔することを知っている。無抑制な人は癒しうる。無抑制は悪徳とは違う。無抑制は選択に背き悪徳は選択に即する。徳は端初を保全するものであり、悪徳は端初を滅すものである（**第八章**）。

無抑制な人と放埒な人とは現象面では似ている。両者とも肉体的快楽を追求しているが、放埒な人は「そうすべきだ」と考えて行動しているのに対して、無抑制な人はそう考えてはいない（第九章）。

一人の人が同時に思慮的であり無抑制的であるというのは不可能である。思慮的な人は同時に倫理的性状において優れている人だからである。怜悧《れいり》は思慮とは違う。怜悧な人が無抑制的であるというのは起こり得る。無抑制と抑制は大多数の人の状態を越えるという問題に関わっている。すなわち、遵守する能力において抑制的な人は平均以上であり、無抑制的な人はそれ以下である（第十章）。

快楽と苦痛の考察は政治哲学者の任務である。倫理的な卓越と劣悪、つまり徳と悪徳は、苦痛と快楽に関わるものであるからである。ここで、(1)快楽は総じて善でない、(2)快楽は必ずしもよい善ではない、(3)快楽が善であるとしても最高善でない、の三つの主張の論拠を解説する（第十一章）。

ついで第十二章、第十三章で、右の議論の誤りについての全面的検討が行われる。快楽にも欠如の苦痛を伴わない、たとえば知的考察への快楽のようなものもある。また、快楽は知覚された過程だという主張は正しくない。快楽とは本性的な状態の活動である。苦痛は悪であり快楽は善である。快楽のうちには悪い快楽もあるが、ある快楽が最高善であることを妨げるものではない。人間的な幸福には快楽が伴うものである。真に人間的な快楽が何かは、何が真に人間的な活動であるかによって決定される。

肉体的快楽は人が最も頻繁に身を委ねる快楽であり、誰しもが共有しているものである。肉体的快楽のみが快楽であると思っている人が多いのはこのためである。肉体的快楽が他の快楽以上に好ましいとみられるのは、これが苦痛を駆逐するからである。苦痛の治療の意味で人は快楽を求める。肉体的快楽は激しい快楽であるため、これ以外の快楽を楽しむ能力のない人々は、これを追求する。苦痛を除去するものが快楽であるということが誘因となり、若者や病的な人は放埒な悪い人となる。快楽そのものは本性的に快適なものである（第十四章）。

第八巻――親愛について

親愛はわれわれの生活に不可欠であるとともに「うるわしい」ものである。親愛にはいろいろある。「愛さるべきもの」は「善きもの」「快適なもの」「有用なもの」のいずれかである。親愛が存在しうるためには、このいずれかの動機で互いに好意を抱き、互いに善を願い、そしてそれが相手に知られることが必要である（第一章・第二章）。

親愛にも三種類ある。有用のゆえに互いに愛する人々は、相手自身を愛しているからではなく相手から自己にとっての善が与えられる限りにおいて相手を愛する。これは老人の間に多い。これに対し青年の親愛は快楽ゆえの親愛である場合が多い。青年は情念で生きているからである。恋愛は多くは情念的であり快楽を動機とする。これは持続的ではない。究極的な性質の親愛は善き人々すなわち卓越性において類似の人々の間の親愛である。人々が善き人である限り親愛は永続的である（第三章）。

善のゆえの親愛こそ最善である。快のための親愛は善のための親愛に似ているが、恋愛の場合は若さの終わりとともに親愛が終わる場合がある。もちろん親愛を持続する人も少なくないが、恋愛関係において快でなく有用を交換する人々の間では親愛の程度は低くまた持続的でない。有用のゆえの親愛は功益の消失と同時に親愛も解消する（第四章）。

徳や善と同様親愛も状態に即していわれる場合と活動に即していわれる場合とがある。愛するということは無生物に対しても可能であるが、愛をもって愛に報いるということには選択の存在が必要であろう。選択は状態に基づいている。善と快と有用の三つの形の親愛の中で最も究極的なのは善であるが、多くの人々に対してはこれは不可能である。しかし有用と快のために多くの人の気に入ることは可能である。有用と快のうちでは快の方が善のための親愛に近い（第五章・第六章）。

これらと異なる親愛がある。優者と劣者の親愛、たとえば親と子の、年長者と年少者の、親愛などがこれである。この場合は相手側から同じものを得るわけでないしまた求めるべきではない。この関係においては愛情も比例的であることが必要である。さらに親愛においては「愛される」ことより「愛する」ことが本質的である（**第七章・第八章**）。

各種の共同体において、一定の「正」が存在するとともに一定の親愛が存在する。各種の共同体は国家的共同体の一部分であり、国家における「正」とは共同的な功益である。各種の共同体にはそれに応じた「正」がある。同様にそれぞれに応じて親愛が存在する（**第九章**）。

第十章では国家と家族の形態を論ずる。国制には君主制、貴族制、有産者制の三種があり、最善は君主制、最悪が有産者制である。君主制は逸脱して僭主制へ移行する。悪い君主は僭主となるからである。貴族制からは支配者たちの悪徳によって寡頭制に移行する。このような国家形態から家庭関係を類推すると同様な家族関係がみられる。

第十一章では、以上の国制に応じたいろいろな親愛の形態が議論される。親愛と正義とは各種の共同関係において、それぞれその及ぶところの限度がパラレルである。

さらに**第十二章**では種々の血族的親愛と夫婦間の親愛が論じられる。血族的親愛は多種であるがこれらはすべて親子的な親愛に由来する。親は子を自分の一部として愛する。子はそこから生まれたということで親を愛するが、これは生まれてから時が経過し理解とか知覚ができてからである。夫婦間の親愛は人間の本性に即していると考えられる。生殖は動物に共通のことであり家庭は人間の生活に必要不可欠なものである。夫婦の親愛には快も有用も含まれるが、善き人々の場合には親愛は卓越性に即したものであろう。

第十三章では各種の親愛において生じうべき苦情への対策として、如何にして相手の給付の均等性を保証するか、が論じられる。とくに同種の動機による均等的な友人間ではどうか。人間的卓越性に基づく親愛の場合は意図または選択が尺度となる。

第十四章では優者と劣者の間の均等性の議論が行われ、「各自の価値に応じて」の原則が説明されている。

第九巻——親愛の問題

第八巻のつづきである。ここでの議論は一層きめが細かくなっている。基本的な問題はすでに今までのところで説明し尽くされているので、各章の逐条的な説明は省略する。まず動機を異にする友人間の均等性をいかに保証するかを論じた（**第一章**）あと、家族関係において父親に万事を委ねすべて父親のことばに従うべきかという問題を提出し、これに否定的回答を与える。ここでも「価値に応じて」という考え方が貫かれる。ついで親愛関係の断絶の問題が取り上げられる（**第二章・第三章**）。

第四章で親愛の諸特性は「自分への親しみ」の諸特性に由来していることが説明され、**第五章**で好意と親愛の異同を論ずる。ついで「協和」と親愛（**第六章**）、施善者が被施善者を愛する原因として、施善者が自己の行為を愛するとともに、彼自身の行為に「うるわしさ」がありこれに悦びを感ずるという面もあることを、論ずる（第七章）。

第八章では「自己を愛する」ことの可否を論ずる。世人のいう「自愛的」とは違う意味で、自己の善と「うるわしさ」を愛するという意味で、「自愛的」でなくてはならない。「幸福な人は友を要するか」（第九章）が次の問題。――人が幸福であるためにはよき友が必要である。

さらに、友たる人の数については、功用のため、快のため、徳のため、という友人の性格によって異なる。功用と快のためなら友人の数は少なくてよい。徳の場合も多数は困難である。友人は少数でよいのである（第十章）。

逆境と順境とどちらが多くの友人が必要か（第十一章）。いずれの場合も必要であるが、逆境の場合は有用という点で、順境の場合は「うるわしさ」という点で友が必要とされる。自分が順境にあるときは進んで友を呼ぶべきであるが、逆境の際は遠慮しなければならない。

親しい人々の間で何よりも望ましいのは生を共にすることである。親愛とは自他の共同であるからだ。最も典型的なのは恋愛である（第十二章）。

第十巻――快楽および幸福について

第十巻の第一章～第五章は「快楽」を論じている。第六章以後は、再び本書の主題にもどり「幸福」と倫理的卓越性の問題を論ずる。すでに今までの解説の中で説明されたことが多いので、この巻についてのくわしい説明は省略し、要点を列挙するだけにする。

(1) 快楽は人間の本性に最も根を張っているもので、徳や幸福の問題を研究するにあたって快楽についての検討は不可欠である。快楽に関して善とみるものと悪とみるものと二つの説があるが、いずれも正しくない。情念や行動の問題を簡単な論理で割り切ることはできない。快楽とは何かを究明しなければならない。

(2) 快楽は幸福そのものでなく幸福に伴う感情である。快楽は人間活動を完璧たらしめ、各人の追求する「生」を完璧たらしめるものである。また、快楽にはいろいろな種類があるが、重要なのは何が人間の活動かという点である。

(3) 人間の究極目的たる幸福とは何か。快楽は幸福ではない。幸福とは徳つまり倫理的卓越性に即した活動である。究極的な幸福は理論的考究の活動である。これは超人間的である。知者こそが最も幸福な人であり、神に最も愛されるべき人である。

(4) 倫理的卓越性のための習慣づけ、つまり教育が重要である。このために法律による思慮ある国家の指導が必要である。このため立法者的能力が必要である。国制に関する考察がはじめられなければならない。

あとがき

二〇二二年十月末、私は満九十歳になった。十一月八日には、尊敬する友人たちが「森田実の卒寿を祝う会」を開催してくれ、驚くほど多くの友人、知人に集まっていただいた。感謝にたえない。

九十年の人生を振り返ると、小学校低学年の頃、母から教えられた「過ぎたるは猶《な》お及《およ》ばざるが如《ごと》し」の生き方が、私の人生の「芯《しん》」になっていたことを改めて確認した。

少年期から青年期にかけて左翼政治運動の渦中に身を置いたが、周囲はほとんどが極端を好む「過激」派的考えの持ち主ばかりだった。私は、彼らの跳ね上がりを抑える側に立っていたが、つねに孤立していた。政治運動における少数派の運命は、決まって悲惨である。あぶない経験もしたが、「過ぎたるは猶お及ばざるが如し」の中庸思想を貫いて生きてきたつもりである。

左翼運動を卒業してジャーナリズムの世界に入ったが、ジャーナリズムの世界でも

「中庸」派はつねに少数派だった。とくにマスコミにおいては「極端」派が多数派だった。しかし、私の心身には「中庸思想」がしみついていて、極端派とは同調できなかった。

孔子とアリストテレスは、私の師である。『論語』と『ニコマコス倫理学』は最も大切な原典である。

私は、これまで多くの大学・学校等で講演や講義を依頼されることがあり、各所で話をさせていただいてきた。そうしたなか、最も力を入れて臨んでいるのが、現在、名誉学長を拝命している東日本国際大学、昌平黌での講演・講義である。学校法人・昌平黌の理事長である緑川浩司氏の熱い要請により、私はしばしば福島県いわき市の同大学・短期大学・附属中高を訪れて、若き俊英たちとの語らいを何よりの楽しみとしている。

緑川理事長のご懇請もあり、今後は、定期的に東日本国際大学附属中学・高等学校で、授業の一環を担わせていただけることになった。そして、東日本国際大学、いわき短期大学でも講義をさせていただけるのは、私にとって何よりの喜びでもある。私の人生における最後の事業は教育だと思っているだけに、昌平黌で若い人々と過ごす時間は至福のひとときだ。

私は、若き日において、いわき市にある常磐炭鉱で卒業論文のための実習研究を約一か月間滞在して行ったことがある。その実習過程を通じて、大学卒業後は常磐炭鉱に就職することも真剣に考えた時期もあったのだが、私自身の状況から、そうはならなかった。人生とは不思議なもので、いわきと深い縁があることを実感している。

哲学なき時代、倫理欠如の社会とも称される現代において、孔子とアリストテレスを通じて、倫理学を学ぶことの意義は極めて大きいと思っている。

昌平黌での講義・授業では、できることなら体系的な内容を語りたいと考え、緑川理事長のお勧めもあって、その基本テキストとして本書を編むことになった。本書の刊行は緑川理事長のご尽力と激励なしには完成しなかったものであり、心より感謝を申し上げたい。儒学教育を日本において実質的に日々実践している教育機関は、昌平黌をおいて他にはないと思う。それも、ひとえに緑川理事長の確固たる信念にもとづくものだと私は感じている。

なお、本書の原稿整理ならびに出版に当たっては、長年にわたって私の執筆・研究・講演活動を支えてくれている親友の千葉義夫氏（東日本国際大学附属昌平中学・高等学校校長、同大学教授）に今回もお世話になった。

この小著が、多くの若い方々に読んでいただけることを願ってやまない。

二〇二二年十二月八日

東京新宿の寓居にて　森田　実

『中庸思想の源流』解説／千葉 義夫

本書は、「序　発刊に寄せて」ならびに「まえがき」にも記されている通り、東日本国際大学附属昌平中学・高等学校、東日本国際大学、いわき短期大学において、著者・森田実先生が自ら授業・講義を行うためのテキストとして編まれたものです。

この事情について、森田先生は、『学校法人昌平黌　創立一二〇周年記念誌』の「昌平黌の輝く未来に大きな期待を寄せて」の文中において、次のように記されています。

私は、過日、昌平黌の教材として『中庸思想の源流』と題する小著を執筆させていただいた。「孔子」と「アリストテレス」に関する内容である。中学生には道徳のテキストとして「孔子」を、高校生には倫理社会の教材として「アリストテレス」、短大生・大学生には基礎倫理学の講義で「孔子」と「アリストテレス」の両方を講義したいと考えている。昌平黌の生徒・学生の勉学意欲、学習姿勢は他に類がないほど真剣なものがある。何度も授業や講演をして、私は明年以降、昌平黌で講義をするために、専用の教材を書き下ろしたいと考えたのである。今に至るまで、たくさんの大学や学校などで講座をもったり授業をしてきたが、それぞれの講義のために新たにテキストを書き下ろそうと思ったのは初めてのことである。講義する者に、そのような意欲を起こさせるだけの力を持っているのが昌平黌の生徒・学生なのだ。

ここに明らかにされているように、森田先生は、昌平黌で定期的に授業・講義を行うことを決意されていました。中学・高校では、道徳や倫理の授業を、短大・大学では基礎倫理学を講義すると決めておられました。中学生が本書の「孔子」について述べられた部分を学ぶのは、内容的に高度に過ぎるのではないかとも考えられたようでした。しかし、中学校で『論語』の授業を行った際、生徒からの質問で「二一世紀の『論語』の読み方というものがあるのでしょうか」という問いかけがあったことに驚き、「この生徒たちなら、理解できる。中学生だからと、レベルを下げた教材を呈示することは、かえって生徒さんに失礼になる」と、あえて大学生が使用するテキストと同じ内容で授業をしたいと考えられた経緯があります。

森田実先生は、二〇二二年十月二十三日に満九十歳を迎えられました。そして、昌平黌緑川浩司理事長、東日本国際大学名誉教授二階俊博先生などが発起人となり、帝国ホテルで盛大に「卒寿のお祝いの会」が開催されました。首相・閣僚経験者や各党の党首など各界から多くの参加者がおられる中、森田先生は御礼の挨拶の中で、「九十歳にもなりましたので、静かに消えていこうと思っていたのですが、本日お集まりの皆さまから励ましのお言葉をいただき、もう少し仕事をしていこうと考え直しました。現在、これから出そうと思っている本が六冊あります。すでに原稿はある程度できているのですが、この六冊を出せるよう頑張ります」とお話になりました。

本書は、その「卒寿を祝う会」で述べられた「六冊」のうちの一冊です。しかも、森田先生ご自身が授業・講義を行うことを前提としてのテキストである点が特徴です。森田先生は多くの大学や学校等で講義・講演を行ってきましたが、そのための専用テキストを書き下ろしたことはなく、昌平黌での授業・講義のために決意して初めて執筆されたものです。

本書執筆にあたっては、二〇二二年夏頃から準備を始められ、十二月に本文を脱稿されました。本文を書き終えるころは、あいにく体調を崩し、病床にあったのですが、本書完成への強い意欲は変わらず、病床から細かな指示をわたくしにされておられました。

森田先生の遺稿は、非常に膨大なものがあり、東日本国際大学「森田実記念 地球文明研究所」として、森田先生の遺稿を順次公刊していくことが使命だと考えています。そうした中で、本書が刊行され、今後、昌平黌において授業や講義で使用されることを、今は亡き森田実先生にご報告申し上げるとともに、森田先生の思想と実践を後世に伝えていきたいと思っています。

（東日本国際大学「森田実記念 地球文明研究所」所長・教授／東日本国際大学附属昌平中学・高等学校　校長）

森田実（もりた・みのる）
政治評論家。東日本国際大学名誉学長。森田実地球文明研究所所長。山東大学名誉教授。1932年静岡県伊東市生まれ。神奈川県小田原市の相洋中学・高校卒業。東京大学工学部卒業。学徒動員の最後の世代として戦争を経験。若き日は学生運動に身を投じリーダーとして活動。また原水爆禁止世界大会に参加し、広島・長崎の被爆地慰問など平和運動に取り組む。日本評論社出版部長、『経済セミナー』編集長などを経て、1973年に評論家として独立。以後、テレビ・ラジオ、著述、講演活動などで活躍。晩年は、名誉学長を務める東日本国際大学をはじめとする各大学などでの教育事業に尽力した。2023年2月7日、悪性リンパ腫のため逝去。享年九十歳。

【昌平黌 倫理学入門】
中庸思想の源流――孔子とアリストテレス

2024年3月30日　初版第1刷印刷
2024年4月10日　初版第1刷発行

著　者　森田　実
発行所　昌平黌出版会
〒970-8023　福島県いわき市平鎌田字寿金沢37
tel. 0246（21）1662　fax. 0246（41）7006
発売所　論 創 社
〒101-0051　東京都千代田区神田神保町 2-23　北井ビル
tel. 03（3264）5254　fax. 03（3264）5232　web. http://www.ronso.co.jp/
印刷・製本・組版／精文堂印刷　装幀／宗利淳一
ISBN978-4-8460-2383-6　
落丁・乱丁本はお取り替えいたします。